丰子恺致张院西信札集

陈智萌 编

西泠印社出版社

前　言

陈智萌

在介绍本书的内容之前，我们不妨先介绍一下它们的守护者，张伟老师。

初次见到这批书札，便是在张老师的寓邸。我与张老师相识有几年了，自从"认了门"，他家几乎成了我每次到上海必去的地方。我喜欢与张老师聊天，他说他也喜欢和我聊天。每次我去拜访，他都会提前沏好茶，坐在对门的座位等着我；每次，我们能聊上几个小时；每次，他都会拿出一批又一批令他自豪的藏品展示给我看。在我心中，张老师是上海图书馆的专家，更是一位特别的收藏家——于藏，他根据自己的资料缺口，只买不卖；于学，他通过购藏的资料，完善自己的研究体系——做专、精、尖的收藏，更做专、精、尖的学问。我与熟悉张老师的朋友们都认为，能出现如此一位集学者、藏家于一身的学界巨擘，是有着特殊历史机缘的：一是张老师不平凡的家庭出身使他功底扎实，二是金融方面的投资成功使他生活富足，三是上图的工作环境使他练就了火眼金睛。此外，他做事笃定，年轻的时候就对自己的生活和职业规划有着清晰的定位，在学术研究上也是如此。

丰子恺致张院西这批书札与《傅札》（《傅抱石致张院西信札集》，西泠印社出版社 2022年），是张老师于二十世纪九十年代一并购得的。那时候很多人想改善生活，张老师便出了足可在上海购买一套房子的价钱买下了这"两叠纸"。自从得到这些信，解密"院西"身份的工作就开始了。为此，张老师请傅抱石家人看过书札，也与丰一吟女士有着多通书信往来，最终通过丰家的线索确定了张院西之名。这一时期，正逢中国拍卖行业兴起，当时出现了一些"院西"上款的画作，但由于缺乏相关资料，院西的身份在市场上一直是个谜。虽然从丰家那里得知了院西先生之姓，但是确认画商身份还要经历一个漫长的过程。张老师的研究习惯是，每隔一段时间便将资料拿出来看一看，发现有可进行勾连的新材料就记录下来，直到得出结论，发表文章——《丰札》与《傅札》的研究便是如此。经历了十余年，直到 2019 年，《"非以报油烛，乃以答知音"——丰子恺致张院西信札释读》一文于《文汇报》发表，张老师对张院西身份的探秘算是画上了句号。也是从那一年开始，市场上出现的"院西"上款画作才有了明确的人物简介，不少作品的来龙去脉也更为清晰了。

中国近现代画坛上，丰子恺是一位个人风格非常明显的画家。他的画多以儿童为题材，风趣幽默，反映社会现象，以"曲高和众"的艺术主张和"小中能见大，弦外有余音"的艺术特色备受世人青睐。作为一名能被历史记住的画家，他的作品被赋予了独特的生命和灵魂。正如丰羽先生所说：希望社会能够了解一个更完整的丰子恺。在这批信札里，丰子恺会为自己的画《一肩担尽》索者太多而"发愁"，会为订单与自己的信仰相契合而破例，会为设法购糖、油、皂而到处托人，又会自言拔牙伤了元气暂无法作画……此等等细节，都为我们展现了一个立体而又充满生活气息的丰子恺。

在拍卖市场上，丰子恺的画作屡创新高。他的作品似能穿越时空，赢得几代人的共鸣。而有关他的手稿、信札却是非常少见。此批49通56纸书札是目前已知最大一批同一上款的丰子恺先生亲笔信，对于其书法、墨迹等研究具有重要价值。整批书信的时间跨度为1942至1951年，内容可补充校订其《年谱》。信中提及书画作品、著作包括《护生画集》《客窗集》《一肩担尽古今愁》《春江水暖》《画碟余墨》《教师日记》《群童图》等，均为丰子恺于二十世纪中期创作的重要文艺作品。借助这些书信，学界可以发掘诸多关于丰子恺文艺创作的重要信息，如创作理念、创作时间、创作地点等。由此，该批手札也为丰子恺作品稽考提供了重要凭据。此外，信中提及代为求购马一浮先生书法、转赠郦承铨先生画作、艰难开办画展、家中种种琐事等，也为我们了解在生活拮据、物资匮乏、时局动荡的年代，画家与画商之间的交往、画家的生存状态提供了真实的一手资料。

"我对他们的研究就到这里了，我不是这个领域的专家，交给你拿去出版吧，资料公开了会对很多人有用的。"这是张伟老师将这批书札交给我时最后讲的话。多年的交往，我很佩服他作为一个传统学者对市场力量的认可。他从不避讳谈价格，因为他是真正懂得价值的人。

他所居住的地方有些角落已明显陈旧，大抵是在其夫人过世之后，再也没有动过。而他藏书的地方总是不染灰尘。我特别佩服他把所有的藏品收拾得特别整齐，分门别类又抽取便利。我想，这大概是图书馆工作者的"职业病"吧，而他却特意要迎合我们年轻人的说法，以"处女座"自待。

我们上次相晤，还在去岁秋冬之际，而今却成永别，这让此书的出版绝不仅是我要履行的一个承诺而已了。对于收藏而言，拥有是一时的，文物虽然可以经历比肉体更长的岁月，但只有生命才能赋予文物机缘巧合的历史故事，只有一代又一代的传承，才能将研究成果不断积累，也只有人类的意识才能将我们自己的文化保存下去。

传承是最好的纪念——"非以报油烛，乃以答知音"——谨以此书献给我们敬爱的张伟老师。

目　录

非以报油烛，乃以答知音

——丰子恺致张院西信札释读

张　伟

20世纪90年代，我有幸碰到了好几次收藏奇遇，经过虽然颇为曲折，但所幸大都如我所愿，被我一一收入囊中，入藏的其中之一就是这批丰子恺致张院西的信札。丰子恺的这批信札写于20世纪40年代抗战时期的西南重庆和50年代初刚解放的上海，是国家、民族经历巨变的两个重要节点。信札虽小，然其中所反映的点滴颇能窥见时代之一斑，自有其特殊的文化意义，这批丰子恺信札正可作如是观。

（一）

这批信札的收信人都是一个叫（张）院西的，此人名不见经传，即使当今网络信息如此发达，也几乎查不到任何有用的线索。通过各种途径查询，目前也只大略知道他是一个金融界人士，原名张辐臣，字院西，为河北南皮人，曾在当地开设过协玉银号，并是兴业典当行的经理，抗战期间前往西南发展。我也曾向丰子恺先生的女儿丰一吟女士请教，并寄去一些复印件，询问是否知道院西其人。一吟女士非常热心，不但很快回信，而且在家中翻找资料，一有新的线索就马上告知，令人感动。下面是一吟女士几封回信的摘录：

> 院西姓张，我记性极差，只记得有一段时期父亲经常与他来往，但关于他的情况记不起来了，或许看了信会记起一二。　2002年1月3日

> 说来也巧，你提到院西，我处也发现了一封父亲写信给院西的钢笔信，无年代。从用纸及字迹看，似是晚年所写。你能不能联系你处诸信，定下一个大致的年代？2002年1月7日

> 父亲的信不写日期，幸而此三信中有"明日赴遂宁"一语，由此可以推断为1945年（6月27日）所写。奇怪，当时白糖麻油难买，又不是"文革"中。那时我不管家务，所以不知艰苦。
>
> 你第一次来信时，我就脱口而出"叫张院西"，后来想了又想，又不敢肯定了。但再仔细想想，还是张院西。不知是何界人士（报界？），以后如有所得，定当奉告。
>
> 此人与我父亲的交往，看来介绍买画较多。另外，我回忆不起来什么。唉，记性

太坏了。2002 年 1 月 19 日

　　我手头有父亲在"文革"期间设的一本小通讯册（料想以前的被抄走了）。我一直想看一遍，做一做索引卡片，一直未果。自你通知我致院西的信件一事后，我决心做索引卡片（该小册共七十几面），以求从中得到"院西是否张院西"或其他资料。

　　今天果然在第 18 页上看到了"张院西"三字，可见我的记性还不错。在名字下方写着这样几个字：旧野味香 73.4.25 见。野味香（吃馄饨面的）在陕西南路上，淮海路北首，门面朝东。"文革"期间，可能更名了，所以称为"旧"。张院西在 1973 年居然还与父亲见了一面。此人现在恐已不在了？不知去向。其他找不到什么了。2002 年 1 月 20 日

　　关于张院西，我起初疑为报界人士，但前天遇到几位熟悉 30 年代的朋友，都不知此人名，可见不是文艺界人。

　　或许正如你所说，是从商的，我实在一无所知了！而且我估计其他文艺界人都不会知道他，因为我父亲与之通信的人，三教九流都有。

　　要不是我在父亲小通讯册上查到"野味香"遇见他，我还会怀疑他是四川人呢！

　　据我看，他介绍友人要画，比他自己要的更多，所以，他也不见得怎么富，也不一定是位收藏家。　2002 年 2 月 10 日

　　最近理照片，发现此画照（按：指"儿童群相"画），且有二张同样。今送你一张，或许有用。　2002 年 3 月 14 日

　　一吟女士的信解开了我的很多疑惑，特别是得知丰、张两人 20 世纪 70 年代还在上海陕西南路上的野味香饭店见过面，说明当时他们还有来往，那么张院西应该也在上海居住；后来更得知张院西就住在慕尔鸣路（今茂名北路），离陕西南路并不远，那在野味香会面就更合情合理了。1973 年正处于"文革"期间，那时丰子恺的日子并不好过，这个时间点两人依然见面，虽然说不上有什么特别，但也能说明他们的交谊确实不一般。

　　一吟女士在信中提到了"儿童群相"这幅画，并附上了翻拍的照片。正好丰子恺致张院西的信中也有几封说到此画：

　　院西仁弟：……吾弟欲得《儿童相》而藏之，此事仆自己亦感兴味，盖仆一向喜写儿童也。待笔债还清（因双十润笔加倍，故近笔债堆积，大约双十前后可还清。附寄改订润例，供传观），当将漫画儿童相中可爱诸相，汇集为一图（画面必甚闹热矣），同时仆自己亦绘一张自藏也。惟此事费时，请略缓报命。兴味之作，不收润笔，请勿

客气……小兄丰子恺叩（1947年）十月三日

　　院西仁弟：……仆近拔牙，将所有十七颗牙完全拔去，改装假牙全口。今日为拔完之日，虽无苦痛，因连日麻醉，身心疲劳。儿童生活横幅，须待元气恢复后画奉可也。请暂待为荷……小兄子恺叩（1947年）十一月廿七日

　　院西仁弟：……近正构图一儿童画，是开明《中学生》什志（元旦用）印彩色立幅赠读者用。构成后当重绘一张奉赠吾弟。因前所言《儿童相》规模太大，一时无暇构图，先作一小规模之儿童相耳。小兄子恺叩（1947年）十二月十六日

　　院西仁弟：《群童图》今构成，另一张给开明书店彩色石印，随《中学生》杂志分送读者，故年月预写"卅七年元旦作"也。此不但群童相，又是物价动荡时代之纪念，他年国泰民安时，再展此图，当发大笑。子恺顿首（1947年）十二月十八日

　　从丰子恺的这些信中可知，张院西很早就向丰氏求画"儿童群相"图，而丰氏自己对这一题材也很感兴趣，一口答应，只是因"此事费时"，又逢"双十"，笔债大增，故"请略缓报命"；并慷慨表示"兴味之作，不收润笔，请勿客气"。后因正逢丰氏拔牙，身心疲惫，此事遂拖延了下来。1947年12月，开明书店的《中学生》杂志拟请丰子恺画一图，准备彩色石印后夹在杂志内，作为新年贺礼赠送给读者。丰子恺于是两事并一事，画了两幅"小规模"的《群童图》，一份给开明书店，一份即赠给张院西。丰子恺在18日的信中不但交待了《群童图》（即"儿童群相"图）的落款时间挪后的原因，并且点明：此画为"物价动荡时代之纪念"，而这也正是这幅《群童图》的主题。丰子恺的这封信写于1947年的12月18日，实际上，早在一年前，上海的物价已经呈现飞涨的趋势。

　　丰子恺在送给张院西"笑存"的这幅《群童图》上题有一首打油诗："裸裸像物价，日长又夜长。出世才三朝，看似三岁外。"这正是当时上海物价一日三变的真实写照，也是对这一畸形现象的巧妙讽刺。丰子恺的这幅《群童图》由开明书店彩色石印，夹在《中学生》杂志1948年新年号里分送给读者，以为福利。这想来应该出自叶圣陶等一批"开明元老"的倡议，而丰子恺也是"开明"的股东，自然愿意配合，成全这一美事。蹊跷的是，丰子恺还另绘有一张题为《新衣》的画，也是作为赠品夹在1948年新年号的《中学生》里附送给读者的。查1947年12月24日《叶圣陶日记》，有这样的记载："余到店后作一绝，题子恺之画，将以为《中学生》杂志之赠品者。其画作元旦日合家穿新衣，大姊正为稚弟穿上之状。余诗曰：'深知天下犹饥溺，试着新衣色赧然。安得家家俱饱暖，眉梢喜溢过新年。'"（叶至善整理《叶圣陶日记》，商务印书馆2018年6月）由丰画到叶诗，都可以看出当时物价腾飞、民不聊生的景象，这且不提；令人疑惑的是即便欢庆新年，同一期杂志附

送两幅赠品，这似乎有些奢侈。谢其章在《丰子恺的"新年漫画"》一文里说：《新衣》这幅画是"作为 1948 年的赠品送给《中学生》杂志订户，零售的《中学生》则没有。"并特地说明：画很大，宽 25 厘米，长 48 厘米，用中国纸彩印，必须叠成几折夹在杂志里（谢其章《漫画漫话：1910—1950 年世间相》，新星出版社 2006 年 12 月）。我猜测，这幅大尺寸的《新衣》既然是为订户准备的，那么，《群童图》想必尺寸一定偏小，应该是送给零售读者的礼物，如此，则既不显厚此薄彼，更皆大欢喜也。我由此想到的是，当年杂志里的这类"夹物"其实还不少，并且范围很广，有些还颇有价值。但可惜由于是"散页"，不易保存，留存下来的更是少见，即使是一些大型图书馆，也往往不见此类"散页"的踪影，故似乎更应引起我们的注意。

（二）

抗战时期物资供应紧张，民生艰难，而张院西当时在西南执掌供销社，手中掌握有相当资源，他也因此拥有丰富的人脉关系。但即便如此，张院西毕竟只是位居中层的实业家，并非豪富，也算不上是收藏家，正如一吟女士所猜测的那样："据我看，他介绍友人要画，比他自己要的更多，所以，他也不见得怎么富，也不一定是位收藏家。"

张院西除了自己收藏一些字画以外，确实更多的是以中介人的身份出现在和画家的交往中，而当时的一些书画家也愿意通过更多的渠道来出售自己的作品，在物价腾升、物资匮乏的战时略有收益，弥补家用。这种特殊的关系古已有之，对彼此是一种双赢。下面的两封信是很好的说明：

> 院西吾友：……弘一法师象，稍凉后当写一帧奉赠。册页润格，普通照一方尺算（附润例，此例九月起将改订，增为每方尺千元），但经吾弟介绍，可不拘例，请代为裁定可也。生活狂澜未已，为欲抵抗，我竟变了卖画人，常引为愧。秋凉盼能图晤，以后通信，乞寄"沙坪坝庙弯丰宅"，（此乃自建茅庐，收信较为妥速，且永久也）。即颂秋安！小兄子恺叩（1943 年）八月廿三日

> 院西吾友：……弘一师象，因郑重故，不旨草率从事，故至今未奉。各方索者已达十余帧，不日当安排清净身意，一并写绘……仆近辞艺专，闲居在家，以读书作画为事，恢复抗战前十年来之生活，一时颇觉自由。足下公忙，请勿枉驾，仆入城时当迂道到化龙桥相晤也。前寄润例，有机会时代为宣传介绍，乞勿勉强可也。顺祝秋安！子恺顿首（1943 年）九月卅日

丰子恺是 1942 年 11 月告别浙大抵达重庆沙坪坝的，并于当月下旬在重庆夫子池举办了平生第一次画展。1943 年夏，丰子恺在沙坪坝正街以西租地自建竹壁平屋，命名为"沙坪小屋"，正式地址为沙坪坝庙湾特 5 号；当年秋，他辞去国立艺术专科学校教务主任一职，在家潜心书画创作。据此，上述两信当都写于 1943 年无疑。弘一法师是 1942 年 10 月 13 日在泉州开元寺圆寂的，这对丰子恺影响很大，在接到开元寺性常法师的电报后，他即静坐数十分钟，发愿为法师造像一百尊。当时，因仰慕弘一高僧大名，向丰子恺求画弘一像的人很多，张院西也是其中之一。而丰子恺将此视为郑重之事，并不愿轻率落笔，草草打发，上述两信就是丰氏此种心态的流露。

丰子恺曾在很多文化机构任职，有很体面的收入；向他约稿（包括书画和文章）的报刊也源源不断，应接不暇。故在战前，虽然子女众多，他也足以依靠自己的学识和一支笔养家糊口，并无后顾之忧。战争改变了这一切，抗战全面爆发后，丰氏拖家带口，疲于奔命，1942 年抵达重庆，算是暂时安顿下来。当时，丰子恺已经离开了浙江大学，又辞去了国立艺专的教职，没有了稳定收入，卖画就成了摆在丰氏面前很实际的首选，况且，喜欢他书画作品的人又是那样多。到达沙坪坝的当月，丰子恺就举办了平生第一次画展，我想，这也应该是向公众的一次信息发布吧，虽然他心里其实并非情愿以卖画为生："生活狂澜未已，为欲抵抗，我竟变了卖画人，常引为愧。"信中的这段话非常坦率，也表露得很清楚。既然要卖画，一定的渠道还是需要的，有人介绍，往往事半功倍，张院西恰在这时出现，而且在紧俏物资方面对丰氏还多有帮助，丰氏自然感恩，在言辞上非常客气，售画的条件也很优惠："但经吾弟介绍，可不拘例，请代为裁定可也。""前寄润例，有机会时代为宣传介绍，乞勿勉强可也。"等等皆是。

战时物资供应紧张，可以想象；丰氏一家人口众多，吃穿用度都倍于一般家庭，更觉困难。而且，丰子恺茹素，战前且吃净素，抗战后因应酬不便，始改吃"三净肉"（"三净肉"乃佛教名词，指：1. 不为己杀。2. 已死动物。3. 不得已故。如此则虽吃荤而不犯杀戒），即所谓"肉边菜"，心中常感不安。当时油属于战略物资，一律凭票供应，而且一般都是猪油，菜油少量限购，这让茹素的丰氏颇感不便。而张院西在供销社掌权，手中握有一定资源，正好在这方面解了丰氏的燃眉之急：

院西仁弟：示奉到，蒙设法购糖，至感。食油隔月供应，无妨，因舍下已于前日装置电灯，油可专供食用，隔月得廿斤，亦庶几不乏矣……即颂时祺！小兄子恺叩（1944 年）四月十四日

院西学友：……食油如可得，乞随时示知，以便派人来领……即颂时安！小兄子恺叩（1944 年）五月十七日

院西仁弟：昨日上歌乐山，回来始知受赠麻油八斤，僧烛十二支。仆前函原意，如油可代购，拟请代购耳。今受赠愧，甚不好意思。此间菜油每人每月限购四两（家有身份证六张，才得廿四两耳），今得八斤，可长期无忧矣，特此道谢。以后还有糖可得，更佳。但不可再赠，有时当由仆派工役到尊处领取并偿代价，是为至要。

足下喜仆小品，诚知音之言。拙作不宜大，而购书画者必欲大，勉强以大字画应酬之，而以小品自藏。今选自藏曼殊诗二页，李后主画一页随此函附赠，非以报油烛，乃以答知音……即颂近安！小兄子恺顿首（1944 年）六月十九日

院西仁弟：示奉到。白糖及麻油有办法，甚为欣慰。即请代购：白糖廿斤，麻油尽尊处限量，多多益善。买定后，乞示知数量、价值，当即派工人持器及货款，前来化龙桥领取……即颂近安！小兄子恺叩（1945 年）六月二十七日

院西吾友：……承代办糖、油，复承厚赠肥皂、药皂，感谢殊深，只得另图后报。先此致谢。疲倦暂不多书。即颂暑祺！小兄子恺叩（1945 年）七月二十一日

食油、白糖、肥皂之类都是普通的生活用品，在承平时期即如灶头烧火小婢，自然不致引人注意；而一到战时，万物短缺，处处不便，这类生活中须臾不可少、家家不可缺的日常之物，马上成为紧俏物资，顿显尊贵，需要凭票限量供应。张院西在这方面的经常接济，对丰子恺一家而言，确实可称是鼎力相助。故丰氏不惜卑辞相谢，并且尽量满足他的求画要求，甚至时常无偿相赠，演绎了一段抗战时期画家与画商之间的佳话。

（三）

除了买画卖画、购油购糖，丰子恺和张院西之间也经常会谈些艺术话题。张院西的审美水准并不低，丰氏 1944 年 6 月 19 日信中所言"足下喜仆小品，诚知音之言。拙作不宜大，而购书画者必欲大，勉强以大字画应酬之，而以小品自藏"，即是一例。与那些假、大、空之作相比，丰子恺更注重小、巧、精、拙，他的风格特色是将烂漫气质蕴含于毫芒之间，将人品格调融汇在方寸之中，若孩童般天真自然，着重表现人间的真趣味、真性情。张院西喜欢他的小品，这自然搔得痒处，引起丰氏的共鸣。当然，两人交往之中更多的肯定是丰氏对张院西的指点。如：

院西仁弟：……马先生润例极低，使求者担负轻便。此公书法，当今首屈一指，吾弟不妨多求（以后即可直接寄纸汇款），并应多方介绍，勿失良机也（仆近亦求得五件）。即颂近好！小兄恺叩（1944 年）三月十九日

丰子恺求学时，曾在李叔同先生的指导下，很认真地临摹过《张猛龙碑》《龙门二十品》《魏齐造像》等碑刻法书。在现代书家中，他非常服膺马一浮的行书，马老的书法是魏碑与"二王"行书结合的典范，丰子恺后来书法的走向与此有很大渊源。因此，丰氏向张院西大力推荐马一浮的书法，并让他多方介绍，这也是丰氏审美趣向的体现。而张院西也从善如流，立即下单请购马一浮的书法：

院西仁弟：……马先生润资千元已代汇去，邮资不需五百元，数十元已足，吾弟既汇来，仆即如数转汇与马先生，说明五百元是张君所赠邮资，此亦敬老之意，想吾弟必同意也……浙江大学教授南京郦衡叔先生，国画清丽，为时下所难得（仆不喜时下国画，恨其依样葫芦，千遍一律，毫无创意，独于郦君画深爱之，为其布局用笔之清丽），仆去岁收藏数幅（乃彼求售而仆选购者），今以一幅《秋山亭子》移赠，并加题跋，因无以为报砚墨之赠，借花献佛而已……即颂时安！小兄子恺叩（1944年）三月廿七日

郦衡叔（1904—1967）是丰子恺在浙江大学时的同事，他本名郦承铨，号愿堂，别署无愿居士，江苏南京人，是著名的诗人、学者，于诗词一道颇有研究，有《愿堂读书记》等著作行世。他又喜好艺术，书法绘画俱极典雅，是典型的文人画家。丰子恺崇尚自然天趣，郦衡叔的绘画艺术不墨守成规，其清丽典雅的绘画风格别具天趣，故获得丰氏大力赞赏，并以其佳作移赠张院西，作为获赠砚台笔墨的答谢，其中自然也有推荐朋友画作的美意。

新时代到来之际，知识分子作何思想？生活如何？待遇又怎样？这是很有意义的课题，学界关注的人也不少，可惜真正可靠的第一手资料并不多。丰子恺这里的几封信提供了很有价值的资讯：

院西仁弟：久不通音，世变沧桑；忽接来示，至深欣慰。仆去秋漫游台湾、闽南、香港、广州，解放前数周飞返上海，因交通断绝，不能返杭，遂卜居沪上，址如下：吕班路南昌路（即陶尔非斯路）43弄76号，电话八四九七九。数月来虽未通问，然每写信，必念及仁弟，因此种信笺，乃吾弟所赠，至今尚未用罄也。来示索画，稍缓写奉，以纪念解放之欢庆（不受润笔）。盖真正之自由平等，从兹始可实现；而过去社会之罪恶黑暗，从兹可以销灭。虽目下解放伊始，小有缺陷，然确信以此精神治国，将来必上轨道，使人人各得其所。犹似患疮之人，请医开刀，虽一时苦痛，将来必得幸福也。仆解放后忙于编制新艺术论，卖画生活暂告段落，虽收入不及以前之丰，然简略生活，颇可度过。我等在世，本无物质奢望，能与众生同乐，虽淡泊而心甚安。不知仁者以为如何也。匆复，即问时祺！小兄丰子恺叩（1949年）十月十日

院西仁弟：示奉到。近因解放后求书画者甚少；同时俄文学习甚忙，编译又忙，以故停止鬻画，无有润例。但友好所属，仍可无条件应命。贵友所属，请示款名及大小，当写奉可也。顺颂日安！小兄丰子恺叩（1950年）七月十一日

院西仁弟：梅兰竹菊诗笺，诚属可爱。我写了四张字，都是毛主席的诗词。其余的我寄还你，因为我近来久已不作书画（画已封笔，附上启事一），对此物已无兴趣。我近来专门学习俄文，与画笔相去很远了。但我很赞成你来信的话："在工作疲倦时，能恢复疲劳，亦所必需。"我近来以读诗词为恢复疲劳之物。白居易诗尤为可爱。而我自己艺术创作，竟完全停止了。所以我不能替你作画。万叶书店（天潼路666弄39号）近刊我过去的画，有两册，《子恺漫画彩色版》及《儿童情景》，你倘爱看我的画，不妨去买两册看看……顺问近好！小兄丰子恺叩（1951年）九月十三日

新时代的到来，会改变旧社会的很多习俗，冲击很多人原有的生活模式。丰氏写于1949年10月和1950年7月的两封信，心情平静，思绪坦然，他自觉停止了鬻画生涯，表示"卖画生活暂告段落，虽收入不及以前之丰，然简略生活，颇可度过。我等在世，本无物质奢望，能与众生同乐，虽淡泊而心甚安"；并对未来寄托有很大的期望："真正之自由平等，从兹始可实现；而过去社会之罪恶黑暗，从兹可以销灭。虽目下解放伊始，小有缺陷，然确信以此精神治国，将来必上轨道，使人人各得其所。犹似患疮之人，请医开刀，虽一时苦痛，将来必得幸福也。"写于1951年的那封信，则是在风静之下隐藏暗流，答案就在"梅兰竹菊"这四个字里。1950年夏，上海美术界在绍兴路7号中华学谊社举行大会，先有解放区来的人介绍那里的美术情况，然后会议主席米谷请丰子恺讲话。根据毕克官《〈子恺漫画〉研究》一文引述钱君匋先生的回忆，丰先生在会上讲了这样一番话："刚才各位同志对绘画的方向道路，为工农兵服务都谈到了，赞颂工农兵，这是必须的。但我以为，过去中国的梅兰竹菊，还是要搞的。因为一天工作很累，晚上回家要休息，梅兰竹菊也不可以抛弃，还有必要。为工农兵是大拳头，'四君子'利于恢复疲劳。"丰子恺讲话完毕，当场有五六个人上台发言，对他刚才的讲话进行激烈的批评。丰子恺对这突如其来的批评大吃一惊，身上的冷汗湿透了衣衫。回去的路上，丰先生说："我以后不谈美术了，让他们去吧！以后美术的会我也不参加了。"（见毕克官《漫画的话与画：百年漫画见闻录》，中国文史出版社2002年1月）再对照丰氏一年后信中所言："我近来久已不作书画（画已封笔，附上启事一），对此物已无兴趣。我近来专门学习俄文，与画笔相去很远了……我自己艺术创作，竟完全停止了。所以我不能替你作画。"其中流露的情绪是显而易见的。

剩有冰心在玉壶
——新见丰子恺致张院西信札略考

章之昊

一、引言

丰子恺致张院西信札，总计 49 通、56 纸，其中钢笔书写 14 通、15 纸，余下 35 通、41 纸为毛笔书写，通信时间为 1942 年 9 月 21 日至 1951 年 9 月 13 日。

这批信札的收信人张院西，与西泠印社出版社 2022 年出版发行的《傅抱石致张院西信札集》（简称《傅札》）所收录傅氏信札的收信人为同一人；信中所谈内容，也有不少与《傅札》相似，围绕举办画展、作品销售、代友推介等展开，两方印证之下，既可知张氏于当时活动之频繁，亦可见其家资之丰沛。而在对编年体资料的互证与补充上，这批信札的文本内容，则可视为一些新资料、新线索甚至新证据，意义不容小觑。

由于这批信札皆未写明年款，且通信延续时间比《傅札》更长，所涉事项更加琐碎，故而，笔者在排序中，仅以其中所涉及人物、事件、作品、著作等作为排序依据，并以陈星撰著的《丰子恺年谱长编》（中国社会科学出版社 2014 年 11 月，以下简称《年谱》）为重要参考资料，进行断代。

本文以第二部分为主体，笔者将在文中列举数例，在复盘断代方法、证明某札或相连数札为何书写于某年的同时，酌情对信中所涉内容加以拓展；第三部分，将略述一些《年谱》及其他材料中未见的轶事。

囿于材料和能力，笔者对这批信札的排序，仅是进行一次尝试，而非形成一个定论。希望随着新材料、新线索的逐步发现，可助诸位方家正谬。

二、以行迹、任职、展览、著作、迁居等要点为线索进行断代

在对这批信札进行释读的过程中，署款"九月廿一日"札为我们提供了一个明确的信息：

> 重庆国立艺专坚邀仆主任教务，不得辞，已允聘，挂名不办公。十一月初动身赴渝（全家迁去）。十一月一日后，通信址乞改"重庆沙坪坝国立艺专"。

其中不难看出，丰子恺在未来一两个月的动向，是要从遵义（本札中未及，但在之后的《十月廿三日札》中，丰氏有"全家迁去，遵义不留人"的表述。笔者按）前往重庆，

担任国立艺专教职。

而恰巧在同一天，陈之佛也曾向教育部提交推荐函，提出由丰子恺担任国立艺术专科学校教务主任一职：

> 查本校三十一学年度教务主任一职，拟聘丰子恺担任……理合检同该员履历表呈请核定，以便聘任；再本校因人选困难，未能依照规定加倍遴荐，仰恳俯察事实，予以通融，实为公便。

据《年谱》所录，当日为 1942 年 9 月 21 日。信中提及的"《客窗集》今另邮挂号寄赠一册"，也是 1942 年 8 月，由桂林今日文艺社发行的丰氏新作。而其他信札所述之内容，皆为丰子恺迁居重庆之后，甚至解放战争、新中国成立后才发生的。故而结合多重佐证，将此札判定为本批作品的首札，定通信时间为 1942 年 9 月 21 日。

其实，丰氏致张院西首札、陈氏致教育部函，在同一天发出，亦可从侧面证明陈之佛早已说服丰子恺前往艺专任教务主任，只是手续和流程尚不完善，这也是陈函中所谓的"未能依照规定加倍遴荐"。看来，在重庆时期的国民政府，于"编制"里聘任某一职务，遴荐人数也应至少是实聘人数的两倍才符合规定。

在首札之后，1942 年 10 月 23 日札中，丰子恺更新了他的收件地址为"重庆沙坪坝正街 27 号"，此处也正是陈之佛在重庆的地址，看来二人关系确实非同一般——前述陈氏致教育部函，辗转至 11 月 19 日才得到肯定的批复，而丰子恺早在 11 月 6 日，就率眷抵达重庆，并受聘于校方了。

在 1942 年 10 月 23 日札中，丰子恺也明确表达了要在重庆举办个展的诉求，并开诚布公地向张氏筹借费用：

> 仆到渝拟即开一展览会（藏画百件，已付裱），卖画以补助生活。筹备费约需二万元。而近为迁渝，用度浩大，此筹备费须请诸友好助填。素蒙眷爱，特以相告。如能代筹若干分之一，则开幕即璧还，并请于会中自选一画奉赠（倘未能到渝自选，则代选），作为酬劳。倘能赐助，款请于十一月初汇渝。

而在前一通信（1942 年 9 月 21 日）中，丰氏还说，要等"明年元旦，当在渝举行一次"展览。短短一月有余，丰子恺便将展期提前至"到渝拟即"，足见其时的艰难了。

而后，时间来到 1943 年春月，丰子恺在《年谱》中的行迹是："2 月至 4 月，赴泸州、自贡、五通桥，至乐山访马一浮……"在此批信札中，则表现为：

> 仆二月中旬病体复元，即离渝西游，沿途耽搁，至今始抵五通桥，明日赴乐山一游，即返重庆。……明日赴乐山，大约四月十日左右可抵家也。（1943 年 3 月 30 日札）

近出游多日，以致迟报。（1943 年 4 月 10 日札）

仆游川东，在途两月余，上周始归来。（1943 年 5 月 2 日札）

丰子恺在重庆时期，曾不止一次游历川东，如果仅以行迹为证据，将此三札相连，似有些单薄。但从札中谈及的其他内容来看，此三札相连，且为 1943 年春夏所书，是无疑的——后两通信中，都提到了钤盖有"缘缘堂毁后所蓄"一印的《一肩担尽古今愁》这一件作品：

贵友要《一肩担尽》，足见有艺术趣味……不过下方有"缘缘堂毁后所蓄"印章，不知贵友能不嫌否？（1943 年 4 月 10 日札）

《一肩担尽》，亦已加盖二章（缘缘堂毁后所蓄一章，吾嫌其纤巧，文亦不佳，久已不用，今所盖者为最近得意之章，印泥乃福建漳州新寄到珊瑚印泥，较旧用者胜），一并寄奉。（1943 年 5 月 2 日札）

而在 3 月 30 日札中有言"吾友属书联，至今不报，一路心甚抱歉，返渝后当即报命"，在 5 月 2 日则说"属书联今草奉，乞收"。至此，三通信前后相连的证据链显然扎实了许多。

除了以上行迹、任职等为线索以外，丰氏在重庆初期的几次迁居经历，也可以是年份判定的极佳佐证。

以 5 月 28 日札为例：

仆赴乐山二月余，归沙坪后又人事粟六，至今未能执笔作画（因迁居辗转不定，今已决定租地自建茅屋，约下月落成），尊属迁延，至以为歉，现租得一古宅（暂住一二月即迁），内一间荫凉聊可弄笔，不久当有奉报。

其中提到两处居所，其一是未来的，"决定租地自建茅屋，约下月落成"；其二是现时的，"现租得一古宅（暂住一二月即迁）"，涉及时间点的"仆赴乐山二月余，归沙坪后"，则应与前述相连，发生在 1943 年。

检《年谱》：

1943 年 5 月，迁居刘家坟租屋；

1943 年夏，在沙坪坝正街以西租地自建竹壁平屋，命名为"沙坪小屋"（地址为庙湾特 5 号）。

其中 5 月的那次迁居，即应为 5 月 28 日信中所言。而夏日所建的"沙坪小屋"则是信中的自建茅屋了，这在随后 8 月 23 日的通信中，亦有体现：

> 以后通信，乞寄"沙坪坝庙弯丰宅"（此乃自建茅庐，收信较为妥速，且永久也）。

仅是"湾""弯"有别而已。

以上这两通信中的两次迁居经历，便是另一类断代的佐证了。

丰子恺一生在文学、书法、绘画、音乐等领域的建树颇丰，除了技法层面的创作以外，理论层面的著述也是十分重要的组成和支撑。而丰氏在信中提到的一些著述，同样可以作为断代的重要依据，比如：

> 万叶书店（天潼路 666 弄 39 号）近刊我过去的画，有两册，《子恺漫画彩色版》及《儿童情景》，你倘爱看我的画，不妨去买两册看看。（9 月 13 日）

其中提到万叶书店、《子恺漫画彩色版》和《儿童情景》。对照《年谱》：

> 1951 年 4 月 1 日，《子恺漫画选》（彩色版平装本）由（上海）万叶书店出版，有序言。

由信中"近刊"的表述，可明确该札完成于 1951 年。

此外，信中涉及的人、事、物，诸如丰氏岳母于 1945 年 1 月 25 日逝世，丰子恺于 1945 年 3 月 3 日信中谓"仆腊月底返渝（在途两月余），即逢先岳母之丧"；1945 年 6 月 27 日，赴遂宁前，于信中谓"仆明日赴遂宁，约十余日返沙坪"；1947 年底，请易昭雪医师治牙，并于其间创作《拔牙记》《口中"剿匪"记》《装牙经验谈》等散文，与信中"将所有十七颗牙完全拔去，改装假牙全口""幸拔牙，休息"；1948 年元旦，改订润例、漫画《新衣》彩印后折叠夹入《中学生》杂志内，赠《中学生》杂志订户，与 1947 年 12 月 16 日信中，"元旦又要改订润例（加倍），正在印新例，暂用蓝印预告（附上一张）。近正构图一儿童画，是开明《中学生》什志（元旦用）印彩色立幅赠读者用"等。这些都是《年谱》与这批资料的极好互证。

当然，除了这些生活的琐碎之外，诸如 1945 年 11 月 1 至 7 日重庆两路口"丰子恺漫画展"，对应于 1945 年 10 月 29 日信中的"自藏画 200（乃过去所作一切画中选萃），于十一月一日至七日，在两路口社会服务处展七天"；1946 年 1 月 11 至 20 日重庆七星岗江苏同乡会"丰子恺漫画续展"，对应于 1945 年 12 月 8 日信中所谓"元旦左右，拟在城中再展七天（上次观者甚多，每日千余人，若在城中当更多也），正在觅会场"；等等，对于个案和美术史研究而言，也是非常重要的资料。

三、佚简与轶事

除却目前能与《年谱》对应的史家重视的史料与补充艺术家形塑的家常事务外，这批佚简中，还隐匿着一些其他资料罕见的轶事。仅举两例——丰子恺在重庆的某个阶段曾委托张院西购买了大量的生活物资、丰子恺在解放战争时期曾将次子丰元草送入精神病院。

丰子恺向张院西求购大量的生活物资，是从 1945 年 3 月左右开始的，至抗战胜利之后停止。其所购买的物资，最初为食用的素油，而后又加入了糖，张伟先生在其《非以报油烛，乃以答知音》一文中，已将此事与丰子恺、张院西的关系讲得很清楚，在此不再赘述。

笔者更关心的，是造成这种物资短缺的原因。

结合 1945 年 3 月的两札：

此字画原藏桂林，近有舍亲逃难来渝，为我带来，亦虎口余生，可作纪念耳。
（1945 年 3 月 13 日）

我寄存桂林之作品，承友人于万难中带渝。（1945 年 3 月 14 日）

从 1945 年 3 月，丰子恺家人由桂林辗转逃难至重庆的时间上来看，造成他们这次北逃的直接原因，应是 1944 年 10 月至 11 月间的桂林保卫战和更高层面的、战役级别的豫湘桂战役（1944 年 4 至 12 月），对于西南交通线的争夺，造成了重庆油、糖等战略物资骤然短缺。

至于丰元草入院的问题，丰氏信中共提及三次，原文如下：

舍下不幸，次子突患神经病，胡言乱语，动止荒唐，甚是受累。幸未动武。（1948 年 7 月 17 日）

寒门不幸，次子（元草，廿一岁，男，交大二年生）忽患神经病，文痴兼武，不可收拾，七月十一日起病，二十日由仆率壮丁四人，亲送闵行普慈疯人医院，天主教办，甚完善，有治愈希望。（1948 年 7 月 27 日）

疯人在院，医生来信言略好些，但看其运命如何耳。仆已竭尽父责，问心无愧，故身心无恙，生活依旧。（1948 年 8 月 1 日）

窃以为，丰氏于信中频繁提出这个问题，颇有些怪异。

首先，俗话讲"家丑不可外扬"。虽然丰氏在三通信的上下文中都提到了开支骤增、物价不稳定、需要增加润例等问题，但以其次子的病情作为讨人怜悯的筹码，这于笔者看来，不像前几十通信中的丰氏作风。甚至，如此的丰先生，也不符合他画风背后所饱含的"护生"

之心——他是一个对小猫、小狗都呵护有加的人，也是一个对月盈、月亏都能产生共情的人。

其次，从通信时间来看，1948年下半年至上海解放前夕，是一个充斥着白色恐怖的特殊时期，而丰氏所谓的"胡言乱语，动止荒唐"，很有可能是指一些进步的思想和言论。

如果真是如此，那么于今日营销学的角度来看，丰子恺的行为颇具些"反向操作"的意味——我要向我的朋友们公开，我的次子一定是精神有问题，不是别的问题——这让张院西在无意之中成了这件事的人证。

当然，这只是笔者的妄加揣测而已！

不过，丰元草在1949年11月加入中国人民解放军，并于1951年7月转为志愿军入朝，是后来的事实。

"仆已竭尽父责，问心无愧。""父责"的弦外之音，或是在那个时间节点上，丰子恺所以为的对丰元草最好的保护吧，"若使英雄知此事，不教儿女戏灯前"。

四、结语

我们不妨将丰元草的"病情"放在一旁，把注意力放回丰子恺和他的信札上：

> 示欣奉到。佳作颇可入画，足见真情所发，自当为作长卷，他日乱平，可留永念。此画不谈润笔，盖非卖品可比也。（1943年9月30日）

> 此不但群童相，又是物价动荡时代之纪念，他年国泰民安时，再展此图，当发大笑。（1947年12月18日）

> 虽目下解放伊始，小有缺陷，然确信以此精神治国，将来必上轨道，使人人各得其所。犹似患疮之人，请医开刀，虽一时苦痛，将来必得幸福也。仆解放后忙于编制新艺术论，卖画生活暂告段落，虽收入不及以前之丰，然简略生活，颇可度过。我等在世，本无物质奢望，能与众生同乐，虽淡泊而心甚安。（1949年10月10日）

> 俄文学习甚忙，编译又忙，以故停止鬻画，无有润例。（1951年7月11日）

以上四例，其中的"他日乱平""他年国泰民安""人人各得其所""我等在世，本无物质奢望，能与众生同乐，虽淡泊而心甚安"等语，是何等的家国情怀？而丰氏在许多诗词创作中，也常有此类情感。比如《辞缘缘堂二首》：

其一：

> 秀水名山入画图，兰堂芝阁尽虚无。十年一觉杭州梦，剩有冰心在玉壶。

其二：

> 江南春尽日西斜，血雨腥风卷落花。我有馨香携满袖，将求麟凤向天涯。

至于最后一札所说的"俄文学习甚忙，编译又忙"，体现在成果上，是丰氏从1951年4月起，翻译的大量苏联文学、美术、音乐著作。

如此看来，这份家国情怀，或者说忧国忧民的家风，似是遗传给了丰元草。

除了情怀之外，爱吃甜食也遗传。

丰子恺曾在抗战时期大量购糖——算来一个月的消耗总在一二十斤——这很大概率是全家总动员的结果。这里援引丰先生自己的一首《仿陶渊明〈责子〉》：

> 阿宝年十一，懒惰故无匹。阿先已二五，终日低头立。软软年九岁，犹坐满娘膝。
> 华瞻垂七龄，但觅巧克力。元草已四岁，尿屎还撒出。不如小一宁，乡下去作客。

"华瞻垂七龄，但觅巧克力"，这算是爱吃甜食的遗传吧？诸如丰氏《送阿宝出黄金时代》等文中，亦有对其子女"但觅巧克力"之类的描述。而且，这种遗传在丰氏第三代身上也有体现。在丰子恺致常君实的一通信中（北京保利拍卖2017秋，lot1765），他说道：

> 今有一事奉托：我的四岁幼孙，住在石家庄，爱吃巧格力。而当地难买。上海很多但不能邮寄。知道北京是可以邮寄的（前曾托人寄过一次）。现在附上十元，烦你买了，用包裹邮寄。

信中这位同样喜好巧克力的幼孙，便是今日为本书签署著作权授权的丰羽先生了。

朱光潜评价丰子恺说："他的作品有一点与时下一般画家不同的，就是它有至性深情的流露。"

董桥也说："丰先生情操高洁，画艺自出机杼，感动人心，抚慰尘虑，给传统国画倾注扫地焚香的入世关爱。"

画是如此，信中文字亦然。

或许，丰先生流露出的关爱，正是这人间"万般滋味，都是生活"中的一颗糖、一块巧克力吧。

九月二十一日札　纸本毛笔书　28.0cm×19.1cm

释文　院西吾友：两示及汇百元，均收到勿念。尊属早拟绘寄，因尊址不定，延迟至今。其间仆亦患疟，近幸全愈，不日当写齐寄合江合作金库，勿念。（预计在十月初，因近日打发家人赴渝，心身不定，无法动笔。）重庆国立艺专坚邀仆主任教务，不得辞，已允聘，挂名不办公。十一月初动身赴渝（全家迁去）。十一月一日后，通信址乞改"重庆沙坪坝国立艺专"。近在西安展览，期为九月二十日起（品作160件，五天）。明年元旦，当在渝举行一次。近正忙于筹备作品。为此，最近对外属画一概谢绝，十二月起开始应属。附近例备对外可也。顺祝秋安。子恺顿首。九月廿一日。《护生画集》在申，无法运内地。仆自己亦只得大半册（拆散作信分寄，数函纷失，故所得不全）。《客窗集》今另邮挂号寄赠一册，乞收。此集在桂林发售，此间尚无。

院西吾友：

両画及滙百元，均收到无疑。等之属早撰海岛，因□北方寒，延运画稿。芜高僕在申无店，运沙地。

懷自己亦無□敲作品，得大半，兄当写画，与与各处应为病，迫幸全忘。不日当写齐料与合忆

无虑回主藝事，聖邀僕主任教務，不日辭，已久陈，掛名不办么。十月初動身赴渝。十二月一日因通

佳地之改「沙坪埧国立藝专」。近在西曲展览，期为九月二十日起。明年之旦，当在渝举

行一次。迫云帐将筹備作品□与此□对外属画一概谢绝。十月起南归而之属。删迫倒備对外书也。顺祝

秋安。

十慘□□芳斆，缘之堂用箋

桂林葛岛，妣妈高峯。

017

十月二十三日札（一） 纸本毛笔书 28.2cm×20.5cm

释文 院西吾友：属画至今奉上，因行色匆匆，久不执笔之故。今车已定，明后日入渝。等车期间，反觉心身安闲，为足下连作六幅（赠弟）。《田家》一幅，改题（我家傍清溪，门前数枝柳）。足下纪念祖父，因以陶公（五柳先生）方之。《一肩担尽》，以自藏小幅奉上。《春江水暖》题颇好，照写一幅。春夏秋冬屏，改用陶诗［翩翩新来燕（春）、迢迢……（夏）、皎皎……（秋）、苍苍……（冬）］，可分可合。款均未题（除田家外），因前信失去，查不出。如欲补题，可以寄返。以后

院雨吾友：屬畫已寄車上，因行色匆匆，

久不執筆之故。今車已空，明朝日入渝。華（贈運）

車期向，反覺心力安閒，為 乞下連作六幅。

「田家」幅，略題。教家游清溪
公（五柳先生）

以菊數枝柳， 正下泥，祖父，因

以陶令方之。「一眉抱焦，以自藏山幅奉上。春

以暖，題頗煩，只寫一幅。書夏秋冬屏，沒用

陶詩 胸之新來莳（書）逗之（夏）
皎之（秋）舊之（冬）　隆田家外　款場來題 ❍

因前信失去，查不出。及欲補題，可以寄返。以心

十月二十三日札（二）　　纸本毛笔书　28.2cm×20.5cm

释文　通信，乞寄"重庆沙坪坝正街27号"为妥（全家迁去，遵义不留人）。兹启者：仆到渝拟即开一展览会（藏画百件，已付裱），卖画以补助生活。筹备费约需二万元。而近为迁渝，用度浩大，此筹备费须请诸友好助填。素蒙眷爱，特以相告。如能代筹若干分之一，则开幕即璧还，并请于会中自选一画奉赠（倘未能到渝自选，则代选），作为酬劳。倘能赐助，款请于十一月初汇渝。即颂近好。小兄子恺顿首。十月廿三日。画共七张，分两快信，同时付邮。

全家遷去，遷義不留人。

遁法之寄「重慶廿坪壩正街27号」為妥。

兹移共，僅即滬擬開一展覽会，藏畫了件，已付裱，壹畫

以補助生活。筹備費用需二萬元。应道弟遷渝、

用度浩大，此筹備費須請诸友好协助填。素蒙

春愛，特以相告。以能协筹若干分之一，则開幕

即望遷、並請托会中選一畫奉赠，借未能即滬，自選寄诸选，

作酬勞。偶能赐助，款请於十月中匯渝。你顺

遁好，

　　　子愷拜頁　十月廿三日、

三月三十日札　　纸本毛笔书　　28.4cm×17.8cm

释文　院西吾友：仆二月中旬病体复元，即离渝西游，沿途耽搁，至今始抵五通桥，明日赴乐山一游，即返重庆。吾友属书联，至今不报，一路心甚抱歉，返渝后当即报命，至祈曲宥。此次在泸州曾开一画展，作品75帧，卖脱95帧，超过之二十帧（所得十万余元，成绩还算不差），乃重订者，即在当地画成，以故耽搁日子更久。明日赴乐山，大约四月十日左右可抵家也。顺祝公安。小兄子恺叩。三月卅日于五通乔。

臨淮慶之即

浣西吾友、僕二月半自離滬西返、沿途馳
驅、五六始抵五匝橋、昭日乱學以返、即返至
慶、吾友屬畫醉、五今之報一諾以姓托
歡、迄偏以書所報命、五初曲宵、此次去
滬州曾開一畫展、作品防帳、壹晚陸陸帳、遂過
（所得十萬恒之小溍遍算似貴）
三二帳、乃重打去、仍五當地畫展、以放她摘日子更久、
昭日起棗山、大約四月十日左右可振家室、順祝
安、

廿之 子愷呷、三月卅日擬之畫毒、

四月十日札　纸本毛笔书　24.4cm×18.1cm

释文　院西仁弟：近出游多日，以致迟报。贵友要《一肩担尽》，足见有艺术趣味，又足见世间劳人之多，因此画自发表以来，远近索者已达二十余人（川省即有十余人），好此者多，足见人世多愁也。反复画二十余次，人几同石印机一样，毫无兴味。前已谢绝再画。今贵友又索，只得将自藏一帧移赠（纸比平常册页大些），填写上款，倒看不出，不过下方有"缘缘堂毁后所蓄"印章，不知贵友能不嫌否？汇润已收到，美意领谢，即颂近安。子恺顿首。四月十日。

晥西仁弟、近出進多日、以防匯報。貴友
要「一眉把弄」、至兄方藝術趣味、又至兄當
勞人之多、因此更自覺素以來、遠近字亏
已達三十餘人、以者昂方　好此共多、至兄人此
十餘人
多然也。至陵畫三十餘次、人亦同石印樣一樣、
毫无兴味。前已衍绝再畫。今貴友又字、
只得将自藏一帧移贈、填寫上款、倒看不出、
不过下方有「像之堂煙波历蔷」印章、不知
係四平常册页方式
緣之堂用箋
貴友能否燈否？匯陶已内刊、美竟領衍另頃
近安、
子愷拜〇月古。

五月二日札　纸本毛笔书　27.2cm×18.6cm

释文　院西仁弟：仆游川东，在途两月余，上周始归来。久不复，甚歉，乞谅。属书联今草奉，乞收。《一肩担尽》，亦已加盖二章（"缘缘堂毁后所蓄"一章，吾嫌其纤巧，文亦不佳，久已不用，今所盖者为最近得意之章，印泥乃福建漳州新寄到珊瑚印泥，较旧用者胜），一并寄奉，余后谈（旅途疲劳，今后暂不出门，从事休息），即颂时祺。小兄子恺顿首。五月二日。前寄大作，容有兴当为谱画，又及。

院西江弟之僕進川東，走達西月眠，

上週猶歸來。久亦復，花顏之讀。

屬書師今草事、之如、一扇担表、三

已加蓋二章。（除之堂爛皮所蓋一章，吾撞其一諦

以色之佳，久已不用，今所蓋安者最迫得意之章，

與泥乃碼達澤州教字引冊湖即泥，較舊用甚隆）

二不堂東，餓皮設、施進擻苗、今皮替不以項、

出内、竹事体見、

時洪、又足

子愷印

儀之堂用牋

布字、古依、客可習、

吉看僧書、子及、

五月十六日札（一）　　纸本毛笔书　　28.1cm×19.6cm

释文　院西仁弟：尊示奉到。承询《一肩担尽古今愁》之画可否再
作，若有足下友好嗜痂，自当遵命，并非绝对谢绝，不过此
画返复写过数十次，实非偶然，可谓异闻，故前信谈及耳。
属作之画，题意甚佳，自可照办。仆素喜陶诗，近曾连写屏
四堂，皆陶诗句［此屏将在渝展览（作品共二百件，大半卖
品，价格为润例数倍至十倍，藉此补助生活，藏画实不愿出
赏也），装裱费时，展览会日期刻尚未定。倘竟无轰炸，则
初夏或可开幕；如有轰炸，则须缓至秋末矣。］故于陶诗颇

沅西仁弟：去秋寄到。承询一屏拈画。

古今然之画，不妨再作。若有佳不支

好嗜癖，自當遵命。並此絕对謝絕、

不過此畫區區寫過数十次，實亦偶然，

可谓畏爲，故苦信後及耳。

属作之畫，趣克甚佳，自多照水僅喜

喜陶诗，近苦連寫屏四堂，皆陶诗句，

此屏挥在编属覽。作品與言件，大半畫屏，作格尚暗假做信至十倍，藉此调咏生活，蒹画寄千家，聊出志意也。篆绿葦時，属兑全日期

剥夢去空，倫竟無專轉粘，刘初夏或春末夢，

珍首重轉粘，刘涓邊至粘末美。 故於陶诗题。

緣之堂用箋

五月十六日札（二）　　纸本毛笔书　　28.1cm×19.6cm

释文　多画兴，勿念。惟近日俗事烦忙，须于旬日后动笔，恐劳盼
　　　待，先此奉达。承惠款润笔，实太客气，已领道谢。顺祝春
　　　安。愚侍丰子恺顿首。五月一六。

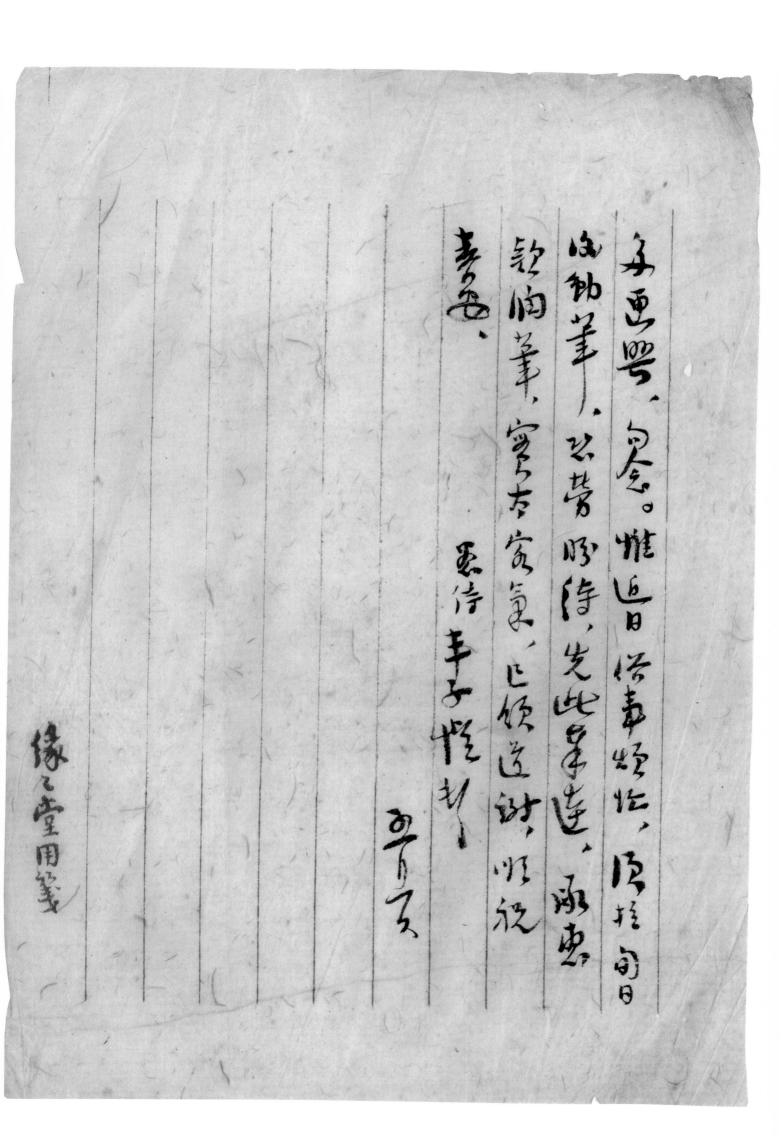

每更要，勿念。惟近日信事頗忙，須抽句日

始動筆，恐勞明待，先此奉達，承惠

紙狗筆，寫方家，已領這謝，順祝

喜樂。

玉倩季子悅井

五月二十八日札　　纸本毛笔书　　30.1cm×20.4cm

释文　院西仁弟：诸示均到，仆赴乐山二月余，归沙坪后又人事栗
　　　六，至今未能执笔作画（因迁居辗转不定，今已决定租地自
　　　建茅屋，约下月落成），尊属迁延，至以为歉，现租得一古
　　　宅（暂住一二月即迁），内一间荫凉聊可弄笔，不久当有奉
　　　报，恐劳挂念，先此奉达，余后陈，即问近好。子恺顿首。
　　　五月廿八日。

院落照晒，诸多妨碍，僕起栗山二月餘，惜

沙坪坝又人事栗六，無暇抽筆作畫。

（固遷吳搬搭不定，今已凌至租地自造茅

屋，四月落成）

智住二月即迁

子屬遷延，正以歌，

現稿日一古寺，内二尊薩像，師子玉坤華、

不久當另專報，以勞肌念，先此奉征。

紛复項，即日

近好、

子恺 再啟

六月五日札　　纸本毛笔书　　21.3cm×14.5cm

释文　　院西仁弟：近来人事栗六，行踪不定，以致久疏笔墨。尊属
　　　　至今勉强写报，另附小字条，乃去年在贵州兴到时书，偶检
　　　　得之，即以奉赠，以赎稽延之歉。化龙桥不远，暇当图晤。
　　　　舍下正在新建小屋，在沙坪坝正街附近，大约下月可进屋，
　　　　文驾倘来游，亦可小坐。六月五日。子恺顿首。

院两仁弟：近来人事云云，行踪不
定，以致久疏笔墨，一至于此。
尽趋强富之报，另有小字书，乃去
吾友贵州当时书，偶检得之，
仰此事情，以续情延之数，化社稿
不远，唤为昔明，今下去邦运山崖，
查问坪塌衡地近，大田下月内进尾，
文即伏丰挹，亦为小生，

蕖也

八月二十三日札 　纸本毛笔书 　28.0cm×20.8cm

释文　院西吾友：示奉到。方君赠润，乞代致谢。去冬吾友惠款，
迄未清偿，此款暂请收入，尚不足也。弘一法师象，稍凉后
当写一帧奉赠。册页润格，普通照一方尺算（附润例，此例
九月起将改订，增为每方尺千元），但经吾弟介绍，可不拘
例，请代为裁定可也。生活狂澜未已，为欲抵抗，我竟变了
卖画人，常引为愧。秋凉盼能图晤，以后通信，乞寄"沙坪
坝庙弯丰宅"（此乃自建茅庐，收信较为妥速，且永久也）。
即颂秋安。小兄子恺叩。八月廿三日。

院西五弟、玉孝弟、方君炳暄，气他改进，玉孝
吾壹更熟这步傍演，此熟哲情收入，岂不妙
也。

弱居所畏，猪須的常写一幅宇
煤。册页顺横普通些二方尺等，（树烟倒，此倒
九月起将临汀悦的西方尺寸之。）他处

　　吾书方法，而不拘例，请他而裁定可也。

　　生居狂闹未已，而城抗，甚竟甚了云云画人、
　　常别为愧，秋凉的能岩晚，（寅迎作之云。
　　（此埠惧庙宇丰毛）较为安速且永久也，此九自速前痹战信

　　二克方惟卯、了世界

九月三十日札　　纸本毛笔书　　28.7cm×10.0cm

释文　院西吾友：示欣奉到。佳作颇可入画，足见真情所发，自
　　　当为作长卷，他日乱平，可留永念。此画不谈润笔，盖非
　　　卖品可比也。弘一师象，因郑重故，不肯草率从事，故至
　　　今未奉。各方索者已达十余帧，不日当安排清净身意，一
　　　并写绘。贵同事中有魏敦夫者，乃仆小同乡，前周来此，
　　　谈及足下。仆近辞艺专，闲居在家，以读书作画为事，恢
　　　复抗战前十年来之生活，一时颇觉自由。足下公忙，请勿
　　　枉驾，仆入城时当迂道到化龙桥相晤也。前寄润例，有机
　　　会时代为宣传介绍，乞勿勉强可也。顺祝秋安。子恺顿首。
　　　九月卅日。

院西吾友、示及事况、佳作颇为力作、足见真情所发、自当为仁兄告之

他日乱平、再留泛屋、此当不废陶笔、盖非寻常所可比也、弘一师象、因节重故

不能草率从事、故函兮未寄、希方家已达、但恨、不日当画挑□清净身贵

一二开写传、当同事中有耝弱专艺、乃仆小间师、家园素此、诸友、足下

仆近辞艺专、自另画家、读书仍画为□、悔俊救药、亦十年素之生活。

足下不忙、请勿挂怀、仆入伽所当迁道到化龙桥相咙也、

家寄胸倒、有机会时仍为寄付句、仑勿勉强可也、顺颂

此安、

子恺谨上

九月廿日

十月五日札　纸本毛笔书　24.5cm×18.4cm

释文　吾弟嗜痂，常爱拙作，自当于兴到时写得意之作，寄请保存，蒙赠润笔，实太客气，领受有愧也。尊作诗颇佳，然原稿纷失，迄今未画，望再寄一稿，定当谱画，藉留永念也。仆秋来多病，久未出门，吾弟迁调后公事加忙，以致难得晤面，蜀道崎岖，通信亦胜如相见也。即颂秋祺。小兄子恺顿首。十月五日。

吾弟嗜畫，常蒙拙作，自當拈興□□時寫

得寄之作，寄請保存，蒙頗尚筆未實

書寄來，欲受可愧也，尊作詩

頗佳，能寫稿後失，迄尚未畫，坚

再寄一稿，空嘗語畫，藉留所屋也。

僕秋來多病，又未名山，吾弟遷調

故召事加忙，以致雖得晤面□□蜀道

崎嶇，通作亦勝如初卫也，印項

　　笑　子愷手上

秋祺。　　十月五日.

十月二十四日札　纸本毛笔书　26.8cm×15.9cm

释文　院西仁弟：书画藏品至今日始完成，共十七件，乞收。此画
　　　题乃仆自己所喜者，由仁弟收藏，至为得所，盖仆自己全无
　　　收藏也。贵处有陈君来函索润例，今乞转送，不知认识其人
　　　否？子恺上。十月廿四日。

晤西仁弟、書連藏品玉今日
招寄回、並十七件之收、此畫乃僕
寅自己所喜者、由　　仁弟與藏玉
如得不、蓋僕自己全与收藏也、
尝腐首隋君未必孝偶例今气
封达、不知足认谢芎人吾？？

弟此惶上、拜

十月二十七日札　纸本毛笔书　24.1cm×18.0cm

释文　院西仁棣：示及纸今奉到。前属画未报，良以忙乱之故，至
　　　谦。今当遵属，惟目下积件盈笥（成都、桂林、贵阳、上海
　　　都有画件，殊忙），不得不先到先应，尚请稍缓时日为感。
　　　来示索润例，今附奉二纸，对外限制而已，友好不须客气。
　　　如有嗜痂之人，请为宣传介绍可也。匆复，即问好安。子恺
　　　顿首。十月廿七日。前日奉上一信，想收到。

陵西仁棣：

承及贤徐李昆、前属画来报，吾以性怠之故，至谦。今当道马椎目下积件盈箧，助新桂林豪乃陽上海都有画件、殊愧、不得不先引先生，尚请稍暖口时日为妥。东京喜雨[？]剜岑廿年二罘人对外所制雪日、友好不须客气。此方嗜痂之人，请再宽假但日可也，毋庸印内好安

子恺拜手 十月廿芳

缘之堂用箋

昨日喜上一函，想已由引。

六月十四日札　纸本钢笔书　21.2cm×15.3cm

释文　院西仁弟：蒙赐隆仪，甚是不当。今拜领道谢。尊恙未愈，
　　　至祈珍卫。另邮寄上最近出版拙著一册，聊供清赏。即颂
　　　时安。小兄丰子恺叩。六月十四日。

浣西仁弟：

奉晤隆仪，甚是欢幸。

拜领连诮。

尊意甚感，无任珍衡。另

邮寄最近出版拙著一册，聊供

清赏，即乞

哂纳。

弟丰恺顿首

〇月十日。

八月二十四日札　纸本毛笔书　29.3cm×18.7cm

释文　院西仁弟：示奉到。《教师日记》尚有第二集，但尚未付印，
不知何日续出耳。"三净肉"乃佛教中名称，佛教戒杀，但
不限定吃素，凡①不为己杀②已死动物③不得已故（如药品
等）皆可通融，名之曰"三净"，言其虽吃荤而不犯杀戒也。
但能不吃最好。仆抗战前吃净素，抗战后因应酬不便，吃
"三净肉"（茹素习惯已久，大荤不能入口，只吃"肉边菜"
耳），但心中常感不安。故能吃素时，即尽量避荤。近安居
沙坪，即等于吃常素，于心稍安矣。曼殊诗"八尺箫"乃笔
误，乞于该纸末代为加注，今另写纸附赠，即请晒纳。顺颂
秋祺。小兄丰子恺顿首。八月廿四日。

隐西先生：来书及《教师日记》第二集、佛尚未复，即不知每日值出年，「三净肉」乃佛亥亥中之教、佛

教戒杀、但不限定吃素。凡①不为己杀②已死动物③不为已杀

皆可通融，名曰「三净肉」，言其虽吃荤肉而不犯教戒也。但此

不吃最好。僧故郭声吃净素，故郭皮固应酬不便、吃三净肉，

（其于习惯已久，大量不能如己只吃肉边菜耳。）但心中觉屈子甚

故故吃素时，即者意通章。迨居此地，即素手吃常素、松心情

安矣。曾殊诗以天笔通乃笔之误，足指诺师未他所加谁、今

另写寄却好。印请顺顺、顺颂

敬祺。

晃丰子恺拜上

月日。

三月三日札（一）　　纸本毛笔书　　26.8cm×15.8cm

释文　院西仁弟：仆腊月底返渝（在途两月余），即逢先岳母之
　　　丧（由筑逃难来舍途中得病，到舍即死，七十六岁），以致
　　　心身不宁，至今始复。贵友从军，今作小画赠之，乞收转。
　　　马一浮先生润笔，近改如何，我亦不明，另有友人亦托我
　　　求字，我今日已去信托写，并问新润例。请你即将宣纸封
　　　寄（马先生不能代办纸，必须寄去，纸内由你附一信，说
　　　另由我函洽补汇润资，更好）"乐山乌尤寺复性书院王星贤
　　　先生"（即收件人，我之好友），我另写信与王先生，请他
　　　写好直寄你处，并将润资数告我，由我一并补汇（另有友
　　　人托求字，亦不先汇，因不知数目）。润资，去年只一二千
　　　元（三尺立轴），今年即增加，亦不甚多，马先生一向歉虚
　　　也。顺问近好。小兄子恺顿首。三月三日。我乐山信与此
　　　信同发，你纸请即寄去。

院西记所之。僕脉月底返沪，作逢先岳母之丧，

筹避难来舍，途中得病，则舍印死，七十六岁，

尽将费，贵去任事，令作小更娘之主祖耕，马一浮

先生阅事，近致如何，祖亦不能，另有吾人亦托弟

孙令日已去信把宽，逆向新例。

芝山乌先寺後性书院王星贤先生

请他守如五室，盖悟陶资拔告林，由弟一你半值，

（另有真人把末字，亦不知，國不知数回），陶资去年只二三千之，今年

即增加，亦不恋多，馬先生一向欢虚也，顺曲

近托。　芝山作与此信同寄，似须清印寄去。

芝　子恺切　三月三言

三月三日札（二）　　纸本毛笔书　　27.1cm×16.1cm

释文　再：此间食油大荒，尊处有办法代买否？如有，乞尽多代
　　　　购，派人来领。但必须代购，不可赠送，若赠送则我不要，
　　　　因足下过去大过客气，故非先声明不可也。恺又及。

再、此间食油太荒，岂属有如店伙贸易？如春，乞便多代购，伊必须代购，不可赠送，况人束购刻甚不要。因盈不过言大过害气，故亦无所望不了也。悌又及，

三月十三日札　**纸本毛笔书**　33.8cm×13.5cm

释文　院西仁弟：油廿斤收到，承赠大砚大墨，领受道谢。近求拙
　　　书者渐多，得此大砚墨，将来或可多写。检旧藏字画各二附
　　　赠，聊答雅意。此字画原藏桂林，近有舍亲逃难来渝，为我
　　　带来，亦虎口余生，可作纪念耳。小兄子恺叩。三月十三
　　　日。再：油价缺若干，望再示。再：倘以后还有买油机会，
　　　乞代留意，多多益善。

镜西仁兄：曲廿五日寄到、函随大视古墨领受
道谢、迳承书并附多、得此古砚墨将来绝
不多得。搪旧藏字画多之珍馈、聊若
此字书原藏 桂林 近有卖魂逃难来海、为我辈
来、书虎口馀生、可作纪念耳。 奕子恺师
再、偏以此代留卖、多之尽善。

三月十四日札　　纸本毛笔书　　30.7cm×24.1cm

释文　　院西仁弟：我寄存桂林之作品，承友人于万难中带渝，除前
　　　　寄字画外，尚有小字条若干，皆当时兴到所书，或胜于勉强
　　　　落笔者，今检若干奉赠，亦虎口余生，足供纪念耳。草请
　　　　春安。子恺泐。三月十四夜。

院西公所科寄在轄境之作

凡南來士於萬難中荷蒙一顧

隆君高寓字畫非常有小字

多若干皆當時興別所書

或勝於勉強舊筆夹令摭若

千年隱存虞日陽生品供記憶

科州壽

三月十九日札　　纸本毛笔书　　28.1cm×21.2cm

释文　院西仁弟：今得王星贤先生函，知彼已有润例及信寄尊处，尊属润资一千元（单款一千元，双款则加倍）（吾弟寄去之纸，未曾声名双款，故彼写单款），即请直接汇去。马先生润例极低，使求者担负轻便，此公书法，当今首屈一指，吾弟不妨多求（以后即可直接寄纸汇款），并应多方介绍，勿失良机也（仆近亦求得五件）。即颂近好。小兄恺顿首。三月十九日。

院画须之，今已至曾画览先里画知
彼已言顺例及信写，与属，习属
顺览一千元（单款一千元
　　　（吾子写去之借，书名声明
　　　（两款刻加信）（两款及彼写单款
要即请直接汇去。
　　　　　　（公书后，
　　　　　马先生顺例担任
使乐共担员轻便，此须当今首处一按，
吾子不拆多求，顺例之直接
你句失负担也，实迫而来，
　　　　　　宜之写与汇款
　　　　　　用之件　所须
　　　　　　　　　以项
　　　　　　　　　并之多分今
近妩、
荒
　懂辞荟、
　　三月方。

三月二十七日札（一）　　纸本毛笔书　25.8cm×19.2cm

释文　院西仁弟：示欣悉，邮汇千五百元亦收到，马先生润资千元
　　　　已代汇去，邮资不需五百元，数十元已足，吾弟既汇来，仆
　　　　即如数转汇与马先生，说明五百元是张君所赠邮资，此亦敬
　　　　老之意，想吾弟必同意也。食油沙坪难办（价四百九十元，
　　　　且常常缺货，比尊处贵一倍也），舍下有时缺乏，则用猪油、
　　　　点洋烛。仆素食者，不喜猪油，则食无油菜耳。今后能蒙吾
　　　　弟按月设法，使不致中断，则幸甚矣，

浣西仁弟、示悉矣、邮汇千五百元每月、

马先生用资千元已代汇去、邮费不需五

百元、数田元已足、 吾弟既汇来償师母

数村汇与马先生徒虚五百元是張罗

所颂邮资、此次数老之意、老 吾为母

同意也、盲油世悸难毋、舍下有时輳三
（償四万九十元、且常之缺货比之厨墨一倍也）

刘用猪油点屁焰、 儀素食共不喜猪油、

刘含身油菜耳 今後徒蒙

吾弟按月給在、使不致中断、則幸甚矣、

三月二十七日札（二）　　纸本毛笔书　25.8cm×19.2cm

释文　估计舍下每月需用二十斤（但此是最大限度，平常十七八斤
　　　亦有之），本月何日有货，乞随时见示，当仍属工人来领，
　　　货价及前缺四百元，下次领货时一并奉上可也（此必须奉
　　　还，今日免得邮汇，后一并送上）。浙江大学教授南京郦衡
　　　叔先生，国画清丽，为时下所难得（仆不喜时下国画，恨其
　　　依样葫芦，千篇一律，毫无创意，独于郦君画深爱之，为
　　　其布局用笔之清丽），仆去岁收藏数幅（乃彼求售而仆选购
　　　者），今以一幅《秋山亭子》移赠，并加题跋，因无以为报
　　　砚墨之赠，借花献佛而已。该画工人领油时带奉（已裱，不
　　　便邮寄也）。即颂时安。小兄子恺叩，三月廿七日。

估计每月需用二十斤（但此是最大限
度，平常十七八斤亦有之）本月份日有货乞

随时见示，当仍属工人素饲、货价及
前缺回之元，下次领货时一併奉上可也、（查日无货得邮汇以一候区）

此乃弟教授南五鄉鄉拈克生、回画清丽、
办时之所难得、（僕不喜时下国画、恨女子画一律、毫

無創意拂拭鄺君更厚爱之、为芝布局用筆之情麗）
僕喜岚田崎披帽（乃彼未售两僕選購去）今此幅

粃山真字迄特颂、並加题该、用自以为根硬里之赠、
惜花献佛雨已因该更五领油时节为约冷

时西、
弟

四月六日上午札　纸本毛笔书　24.7cm×16.7cm

释文　院西仁弟：示奉到。今着工人前来取油，附洋六千元，请先
　　　收，确数如已知，乞示，当续奉。外四百元，补上次不足，
　　　亦乞收入。附送郦作山水一帧，奉赠晒纳。马先生书法尚未
　　　寄来，不知尊处已寄到否？顺颂时祺。子恺叩。四月六日。

院西仁弟、未审即、今春工人前
来取, 坿屏二千元, 请先收, 确数
如已知乞示、当汇来、外写元、補
上次二品、乞乞收の、
坿照鄰作山水一帧、幸赠嘱、
昌先生书告吾家来, 不知今属
已寄与否、顺颂
时祺、
子愷叩、
四七。

四月六日札　纸本毛笔书　24.8cm×16.4cm

释文　院西仁弟：今上午忘记将画交工人，致劳询问，甚歉。本星
　　　期日有友返化龙桥，当托其送上。油收到，费神谢谢。油值
　　　缺少数目，尚请函示。即颂时祺。子恺顿首。四月六日。

院雨仁弟、足下年忘記好畫
多工人致勞詢問、甚歉、
本冬期日首友反化龍搞、為
抱此道上、曲雨別、黃神拂以、
曲值鈍少散目尚諸画末少沒
時馳　　　子愷打百　買岩、

067

四月八日札　纸本毛笔书　26.2cm×15.7cm

释文　院西仁弟：今托陆剑南君（化龙桥交通印厂，此君每星期来舍唱戏）去便带上邮画一件，乞晒纳。尚有托者：尊处有否白糖可买？如有，乞随时代办，不拘迟早（分量多少亦不拘），附奉二千元，请先收，不足后补奉（倘无糖，此款即供下月买油之用，乞暂存，勿退）。油价定后，乞即示知，以便续奉。顺颂时祺。小兄子恺顿首。四月八日。

院西仁弟、今托陸劍南君

院西仁弟、今托陸劍南君（化龍橋交通印刷廠、此君每星期来吾家唱戲、）

吉便带上鄰邦二件、乞师曲、荷青拖起、

尊處有否白糖子雲？小青乞隨時

此如不拘遲早、甘蔗二千元、诸先收。
不足收補、曲作空欠之印□知□、以便將
餓無糖印借？月雲曲三用之智可用唱

奉。□項 □□
時祺、 □足 子愷頓首
□□。

四月十四日札　　纸本毛笔书　　25.8cm×15.8cm

释文　院西仁弟：示奉到。蒙设法购糖，至感。食油隔月供应，无
　　　妨，因舍下已于前日装置电灯，油可专供食用，隔月得廿
　　　斤，亦庶几不乏矣。下周内当遣仆来领白糖，并附璧不足之
　　　值。贵友索画，尽请将纸交仆人带下，万勿客气可也。即颂
　　　时祺。小兄子恺叩。四月十四日。

院西仁兄、未至宅、則、蒙誤餅生糖、
已領、食油隔月供應、未妨、固寄下已
拾前日紫置電灯、由⋯供店用、
隔月得廿六、亦庶乎不至缺、□遇必当
僕来領白糖、并折壁子□之値、
告去壽書、便請怀乐交僕人帶之、
萬句安氣余□也、尚須
時祺、

　　弟　子愷叩、　罒月□.

五月十七日札 纸本毛笔书　25.0cm×19.8cm

释文　院西学友：近小患恙，久未报复为歉。今寄上画六件，乞转
　　　赠贵友，聊作纪念可耳。食油如可得，乞随时示知，以便派
　　　人来领。余后述，即颂时安。小兄子恺叩。五月十七日。

滢西学友、近以违羔、久未奉报、良用歉、

内容上重点佛、之转赠　害友、

聊你住居了耳　食曲出了浮尼

随时寻知、以便派人来领、领后迟沁纪

坚、

　　　　　坚

　　　子恺叩

　　　　　三月卅方、

五月二十五日札　纸本毛笔书　28.3cm×15.6cm

释文　院西仁弟：示奉到。照片甚好看，缩小了比原作更佳。今派
　　　工人送上国币 9600 元，乞买油二十斤，费神至感。《画碟余
　　　墨》我只剪留一篇，其余不知去向（一共只作二三篇，即不
　　　再作），今附奉，我自己不要，无须寄还。顺颂时安。小兄
　　　子恺叩。五月廿五日。

沒西仁兄：云弟到此，明片忽奉看，倘此比
陳作更佳、

承派又送上回9600元、已置四二十斤、鄂

神毛風、

亜禅哈全、将以萬魚苗、芝陽之知
去画（一共只作二三萬，你又扛作）全将春、
知自己不需、半回空の送、以清、
好也。

如立子程卯

六月十五日札　纸本毛笔书　19.6cm×11.1cm

释文　院西学友：《画碟余墨》中"捧"字误排"棒"字，令人
　　　不解也。足下是否办消费合作社？此间食油成大问题，不
　　　知尊处有办法否？近患牙病，草草问好。子恺顿首。六月
　　　十五日。

浣西学友：畫碟餅笔中「撵」字

误排「撵」字，令人不解也，

照下是无所谓责令作批，此间舍

油成大問題，不知 当屬有却任否？

此恶车病，草∴向

祷，

子愷叔草 十日再书。

六月十九日札（一）　纸本毛笔书　27.0cm×18.4cm

释文　院西仁弟：昨日上歌乐山，回来始知受赠麻油八斤、僧烛
十二支。仆前函原意，如油可代购，拟请代购耳，今受赠
愧，甚不好意思。此间菜油每人每月限购四两（家有身份证
六张，才得廿四两耳），今得八斤，可长期无忧矣，特此道
谢。以后还有糖可得，更佳。但不可再赠，有时当由仆派工
役到尊处领取并偿代价，是为至要。足下喜仆小品，诚知音
之言。拙作不宜大，而

皖西江弟之　昨日上歙業山回来始知学
贈蘇油八斤　僕媲主支　僕莫函示意
油可代饍　批请代媲耳　今受賜愧甚
不好意思　此油由县与人限饍四两　今日八斤习长
（集　每月　家有身僕距气眈才得廿四两耳）
期無憂矣　特此道对　四以没还青糖子厚
买饒　但不可再赎或由僕派工役引学扇
领取並偿代價　言另可思
区卜专僕中品　谢知音之言　拙佐不宜大雨

後之堂用腾

六月十九日札（二）　　纸本毛笔书　　27.0cm×18.4cm

释文　购书画者必欲大，勉强以大字画应酬之，而以小品自藏。今
　　　选自藏曼殊诗二页、李后主画一页随此函附赠，非以报油
　　　烛，乃以答知音，即请代存，不题上款，如需要，他日可补
　　　写也。近患牙痛，昨上歌乐山乃为求医，今已渐愈，容后再
　　　谈。即颂近安。小兄子恺顿首。六月十九日。

镌刻書字必欲大，勉强施刻之（以大字為匾），宁以小路自藏，今

遇自藏受殊诗二页，李攻主畫一页

造此西村馆，班以报恤燭，乃以苦知音、

印请他故，不题上款，为雪西，他日子補当

也。近患牙病，恬上歌業乃の抗医，

今已斯念，岂收肤後，印项

近安。

兄子藝拜　不具言。

後之堂用牋

六月二十七日札　　纸本毛笔书　　27.2cm×18.7cm

释文　院西仁弟：示奉到。白糖及麻油有办法，甚为欣慰，即请代
　　　购：白糖廿斤，麻油尽尊处限量，多多益善。买定后，乞示
　　　知数量、价值，当即派工人持器及货款，前来化龙桥领取，
　　　费神至感。仆明日赴遂宁，约十余日返沙坪，容图晤谈，即
　　　颂近安。小兄丰子恺叩。六月廿七午。仆赴遂宁期间，来示
　　　有小儿华瞻代理，糖及麻油，彼自能派工人前来领取。

院西紅柿、番茄、白糖及麻油有两店、其为

砂糖、番茄世鑲：

　白糖　廿斤

　麻油　盡尊處限量、每之盡善、

買賣肉之不知數量、價值、當另派工人持器

及筆歟、希莫化龍攜領取、獎駉包感健

照日赴道寧、內甘返沙坪、客齋晚設品咁

近安、　　竟主子惺四　徐之宣用膳

僕赴遂寧郏同、未禾肴力見華瞻代理、糖及麻油、彼自能派工芬東領取、

七月二十一日札　纸本毛笔书　27.3cm×18.6cm

释文　院西吾友：昨自遂宁返，途逢汽车抛锚，非常劳顿，幸未致
　　　疾。承代办糖、油，复承厚贶肥皂、药皂，感谢殊深，只得
　　　另图后报，先此致谢。疲倦暂不多书。即颂暑祺。小兄子恺
　　　顿首。七月廿一日。

陕西五日友、昧自迷寧返、逢途汽車

抛錨、助亭勞頓、幸平未发疾病、承化州

鞠興、後承 厚贶肥皂尚皂、兼羽

雅深、吕昌弓圖少報、先此肢謝、疲係

智不多書、布頌

曷綏、　　　小兄

　　　　　　子憧利　頁上。

　　保之堂用牋

八月二十一日札　纸本毛笔书　23.6cm×16.5cm

释文　院西仁弟：我成都归来，即迎胜利，归乡有期，甚喜甚喜。
成都带来白折扇、书画奉赠，早想送上，因无妥便。今派专
差走送，即请哂收，留作纪念。属画稍凉自当写奉（润笔万
勿客气），今先赠胜利纪念画一纸，可留永念。麻油乞代买
十五斤，月底、月初再派工人来领，货款数目先示，领时奉
上。我出门约二个月，其间多蒙费神，至感，秋凉欢迎你来
玩。八月廿一日，子恺上。

悦西仁弟：枕助都归来，即速胜利归
郷有期，足喜、。助都带书与摺扇、书
速挥颂，早惣送上，因兹无便。今派专差
专送，即请哂收，留佐纪念。

属连纷详自贵宝挥、。今先饶勝（恒笔萬勿茫气也）
利仍属连已费可留永念、
麻油气也買十五斤，月辰月初直派工人来
领，菜叕数目先示，颂时奉上、
秒些四武夕月、世间多学家坚神，寻诚、秋深
歉西 临素颇、 自昔 子惚上、

十月十九日札　纸本毛笔书　25.3cm×16.6cm

释文　院西仁弟：近因忙于整理漫画，故属画延迟。今用另纸画十幅（内有田园画、漫画）奉赠，乞收。我定于十一月一日至七日，在两路口社会服务处开漫画展，非卖（但可预定重画），收门券百元。所展画200件，皆小册页（即今日送你的大小），乃从平生一切画中选出（战前八册画集及战时所作），向藏篋中，今整理付裱，在此展览，以为留别此山城之纪念。门票大约可够开销。倘看的人多，亦可赚些东归的旅费也。届时吾弟有空，请来一看。十月卅一日起登《中央日报》广告。有人说不须登，只要路上红布广告，尚未定也。油，还有二三个月，暂不买。因恐二三个月后要走。我大约住北平，不复返上海。余面述。即颂时祺。小兄子恺叩。十月十九日。

院西仁兄、连国题现学画，故属连连屋。今用另布

画于帽（内有田园画、漫画）寿镜，之病。独字托土月ち

一日王七字，去而改门花屑姊鹤庵南漫画展，非卖（价

可预订画。）收山寿百元。

乃作平生一节画中选出，白藓莲半今题现甘猪，上

此展览、以为留别此山娜之记念。内云古右鸦南馆，谓

看勿多，亦可赠送写明张芳也。届时参与有空

请来一看。古世日起登中灯日报广告。有施不须登，只要

路上江布广告，尚未定妥也。

池还有二三个月，暂不卖，因以二三个月后要走。卦去后

住北平不後近上海。饷向迪户说

池、过去、子恺叩、沪次

时祺

青草

十月二十九日札　　纸本毛笔书　　28.0cm×14.9cm

释文　　院西仁弟：自藏画 200（乃过去所作一切画中选萃），于十
　　　　一月一日至七日，在两路口社会服务处展七天。仆自己亦住
　　　　该社。附门票二，有暇乞惠临，便可图晤也。前寄上画件，
　　　　想早收到，余后陈，即颂时安。小兄子恺叩。十月廿九日。

浣西仁兄：自乃迅去所作一方画中选萃

藏画二〇〇拾壹百壹拾去两蚫口此间

昭稿屡居七天。僕自己无住这北。甘门栗三，

有照乞，惠临，便问商略也。

高寄上畫件，起早将引，阻涩诸切顺

游西、

　　　　弟子惺明　十弌寻。

十二月八日札　　纸本毛笔书　24.9cm×15.5cm

释文　院西仁弟：示及纸收到，仆画债已清，近日甚闲，故即为动
　　　笔，写成四长条，皆田园趣味之诗及画。因闲暇从容，笔墨
　　　比普通者为精，可供保存纪念也。来示云及润笔，请勿客
　　　气，此为奉赠纪念而作，非卖品也。千万哂纳为幸。元旦左
　　　右，拟在城中再展七天（上次观者甚多，每日千余人，若在
　　　城中当更多也），正在觅会场，尚未到手。故何日实行亦不
　　　可知也。顺颂时安。小兄子恺叩。十二月八日。

陵西仁弟、亦及常叔邱、僕画债已债、近日
世宋故价为动笔、宫邸四长彼、吗
田园趣味之诗及画、因宋晚征客笔
里毛普通者而精于偿偶存记忘也、来
弟亦及徇笔、诗而家氣、此乃毒嫦记念而
作、非寶品也。千万颁而海子幸
之旦左右擲在城中陸院七王。已立还无
尚未引平。故日實行公不予知也。即颂
健安。
　　　　　　　子恺叩
　　　　　　　十一月六日

四月十九日札（一）　　纸本毛笔书　25.8cm×17.9cm

释文　院西仁弟：示由浙大转来（仆终未任课，闲居西湖边租屋，
　　　　通信址如信面），万叶事，另备一函，便可去访钱君甸君，
　　　　倘尚有未黏上者，必可让与。如已无余，则惟有再版时托留
　　　　一份。来示云贵友曹君属写味精广告画，按期登报，又云长
　　　　期撰稿，想是提倡茹素之护生画？倘是，当可应命（盖纯粹
　　　　广告画，仆素不喜。惟护生画附带为味精作广告，则无不可
　　　　也）。闻贵友亦长年茹素，想是佛教同志，以护生画作味精
　　　　广告，既可宏法，又得宏业，乃两利之事也。承询润例，仆
　　　　近不事公教，闲居卖画为生，故元旦曾定润例，附寄两纸，

浣西仁弟：予由此去赣来（僕咎事任误，母俩居西湖边舵屋，舵法地成信画）萬華来另備一函，後可去许钱买自書。僕尚有未結上者，必可偿也。甚色甚飽，別惟有再叙时托留一份。

東来云，喜专费买，房寫味精廣告画，梅期鉴报，又云長期獲獲，之復生画，留是，當事廣廳。但告画，僕喜不喜，惟復生画坦坐賞多味精作廣告，剁豈多事也。（盖使粹廳喜专長年薇喜，即是提假薇喜。喜友上長年薇喜，即是佛教同志，以復生画作味精廣告，既可寫法，又導害乃列之事也。函须倒僕迫不事业效，甬居雲夏画的生，故之旦与学堂同例，耐室寫画師。甬居緣之堂画箋

四月十九日札（二）　　纸本毛笔书　　25.8cm×17.9cm

释文　可借参考。但亦不斤斤计较。如属画，须示画幅大小、登在
　　　何报，以便绘制可也。足下所藏拙作，已分送友好，稍缓当
　　　写复员后江南新作数帧奉上。江南环境美好，画兴容比山城
　　　流亡时为浓，是以不肯作教师，而留连于书画也。杭州近日
　　　风光甚佳，何日有兴来游，当扫径欢迎。即颂时祺。小兄丰
　　　子恺叩。四月十九日。

子侄参考。但必须加以计较。此届画，须
于画幅较小、墨色加浓、以便缩制版也。
尊下所搜拙作、已寄送去抹、猜浸当写
复多少内江南新作数帧奉上。江南环境
美故更觉宜比一城流亡时为优、是以不肯
作敌师、而留连於书画中、
杭州近日风光甚佳、留有兴来时当掃径
观画、即颂
时祺。

　　弟 丰子恺顿 ○○

缘缘堂画笺

097

四月二十八日札　纸本毛笔书　25.8cm×17.7cm

释文　院西仁弟：曹启麟先生前日来晤谈，意甚诚恳，仆本不画
　　　广告，因此和合粉与提倡素食有关，故破例应命。访单上
　　　拟印画十张（家庭、菜馆、寺院、学生、老人、新妇、幼
　　　儿、病人、夏日、旅行，共十题），其题目（诗句）至今日
　　　始完全拟定。画须从新创作，较为费时，大约五月上旬必
　　　可寄奉。仆意将画缩小用彩色印，较为注目。闻此种商品，
　　　广告之力甚大。故印彩色，可收大效。不知曹先生高见以
　　　为如何？先此奉达，即颂时祺。小兄子恺叩。四月廿八日。
　　　启麟先生均此。

浣西仁弟、曹雪麟先生前日来晤後、云

其讥级、儻车不画广告、用此粉令会粉与搅匀

吾色方实、故被倒麠 （家庭、菩隆寺院众生、众、新婦妙思、瘆人、姜日、话行、其十餘

印画十幀、其题目（待句）命。 弥单上擬

擬定。画顶征谢制作、鞍石擘时、右内玉月上 至今由女定全

〇自必子分拳奉。僕亮徽小用彩色印、

擒石佳目、此将高品、广告之力甚大。放印彩

色、不破大效、不知 曹先生高见如何、

先此奉達、匆次。 亮

时候。 子恺叩、十月廿九。

缘缘堂画笺

观麟先生 拈郵

十月三日札　纸本钢笔书　22.4cm×18.7cm

释文　院西仁弟：示奉到。施君横幅二件，前恐未决定，故尚未动
　　　笔。今当于双十前后写寄。吾弟欲得《儿童相》而藏之，此
　　　事仆自己亦感兴味，盖仆一向喜写儿童也。待笔债还清（因
　　　双十润笔加倍，故近笔债堆积，大约双十前后可还清。附寄
　　　改订润例，供传观），当将漫画儿童相中可爱诸相，汇集为
　　　一图（画面必甚闹热矣），同时仆自己亦绘一张自藏也。惟
　　　此事费时，请略缓报命。兴味之作，不收润笔，请勿客气。
　　　众友向尊处索画，此乃仆使吾弟为难。后当作小幅多张寄
　　　赠，以餍众望，亦翰墨缘也。承赐味精，先此道谢。顺颂秋
　　　祺。小兄丰子恺叩。十月三日。

浣西仁兄：手书收到。施君横幅二件，尚须书□字，

故尚未钤笔。□书拟双十节以写寄。

吾弟欲日□见童相画藏之，此事弟自己亦感兴味，

盖仆一向喜写见童也。待笔债还清，

故近笔债堆积，大约双十节以后还清。（因双十前笔墨债，

时仆自己亦欲写一册自藏也。惟此事势时，请思履

当待浔遇见童相中之爱□相，□集多一册，同

指命。□味之作，不收润笔，借勿寄氣。

黑爱向　当需要惠□，此乃仆使　吾弟为难。以吾仆

小幅多供寄赠，□□□□，而输乞甚濂也。

承赐味精，先必道谢。收珍

弟　丰子恺　十月二日

十一月二十七日札　　纸本钢笔书　　21.0cm×7.7cm

释文　院西仁弟：示奉到，清恙想早痊愈。仆近拔牙，将所有十七
　　　颗牙完全拔去，改装假牙全口。今日为拔完之日，虽无苦
　　　痛，因连日麻醉，身心疲劳。儿童生活横幅，须待元气恢复
　　　后画奉可也。请暂待为荷。前贵友横幅二张，想早已收到。
　　　其润笔似未蒙代收，便请一问可也。即颂时好。小兄子恺
　　　叩。十一月廿七日。

院之两位牙医，已拔出，请差超早疼发，懊边拔牙，特约有芝医牙已完全拔去，放此先候牙全口。今日再拔完之日，能无苦痛，因连日麻醉，勿心疲劳。儿童生活横幅，又待久等候后仍重奉寄也。请静待为荷。其间幸似未蒙代前另友携幅二帧，拟早送奉引。收使倩一面寄弟。印光时好。

丰子恺 十月廿七。

緣緣堂用箋

十二月二日札　　纸本钢笔书　21.0cm×7.7cm

释文　院西仁弟：示奉到，横幅润由施君汇来，确已收到。收件人
　　　　不悉，另登一户，以致弄错，甚是抱歉（近收件甚多，不免
　　　　错误。幸拔牙，休息，否则将另绘二幅与施君，成重复矣）。
　　　　仆近拔牙，经过良好，一月后可装全口。《儿童相》图尚须
　　　　稍缓执笔，因近精神欠佳也。子恺叩。十二月二日。

院西仁兄，承賜刊，橫幅仍由施君匯來，雖已兩刊。如伴人不辨，另燈一戶，以殷尋繹，甚為抱歉。（近如伴也多，不免餘憾。幸故示伴見，容以特另儉二幅與施君，即當璇美。）僕近故先，適過良期，一日內可竟全瓦。先意相盼當仍將層故筆，因近藉押欠佳也。

子愷　上

十二月十六日札　　纸本钢笔书　　25.9cm×18.2cm

释文　院西仁弟：示奉到。贵友（嵩云、持中二君）属画二横幅
　　　（各二方尺），属减润为各二十四万，遵命可也，即祈转达
　　　为荷。元旦又要改订润例（加倍），正在印新例，暂用蓝印
　　　预告（附上一张）。近正构图一儿童画，是开明《中学生》
　　　什志（元旦用）印彩色立幅赠读者用。构成后当重绘一张
　　　奉赠吾弟。因前所言《儿童相》规模太大，一时无暇构图，
　　　先作一小规模之《儿童相》耳。顺颂年安。小兄子恺叩。
　　　十二月十六日。

陇西仁兄、子恺君。

黄宝接中兰君
属婶婶为各式十四万，遵 属画二横幅，各三尺尺，
我辈连为荷。久旦子要改竹画倒，
正立即折倒。暂用团蓝印预告。

近正搏画一见童画，是用中学先法助影色
之帧修傅专用。

固首所言一见童推迟热搏太大，一时年晚搏画，
先绘一画题摸之见童相耳。以昭

年光。
子恺师
缘之堂用笺
青月十六日

十二月十八日札　纸本钢笔书　21.1cm×7.7cm

释文　院西仁弟：《群童图》今构成，另一张给开明书店彩色石印，
　　　随《中学生》杂志分送读者，故年月预写"卅七年元旦作"
　　　也。此不但群童相，又是物价动荡时代之纪念，他年国泰民
　　　安时，再展此图，当发大笑。子恺顿首。十二月十八日。

洵如仁兄足下：

群童画样承蒙赏赞不已，另一帧洛南照书当彩色石印，随中寄上诸君，故年月预写「芒年元旦□」也。此不作群童画相，又是物价师遗时纸之记念，他年泰民安时，再展此画当发大笑。

子恺玖□书此。

緣緣堂用箋

六月二十四日札　　纸本钢笔书　　25.6cm×12.0cm

释文　院西学弟：久未通音，得示甚喜。扇面当为写字，不久续寄。
　　　贵友索润例，今附上乞转。"章明"君书画扇，亦当遵属代
　　　办扇面，一并寄上。顺颂时安。子恺顿首。六月廿四日。

读亚学兄、久未通音，傅闻在北京。

扇面画竟未写去，不久迁居，

李圃仍今附上乞教。 为艺友

谢觐虹君书画之扇，曲曲选属代为扇面，

一屏云云上。以次 子恺书

時安

緣緣堂用箋

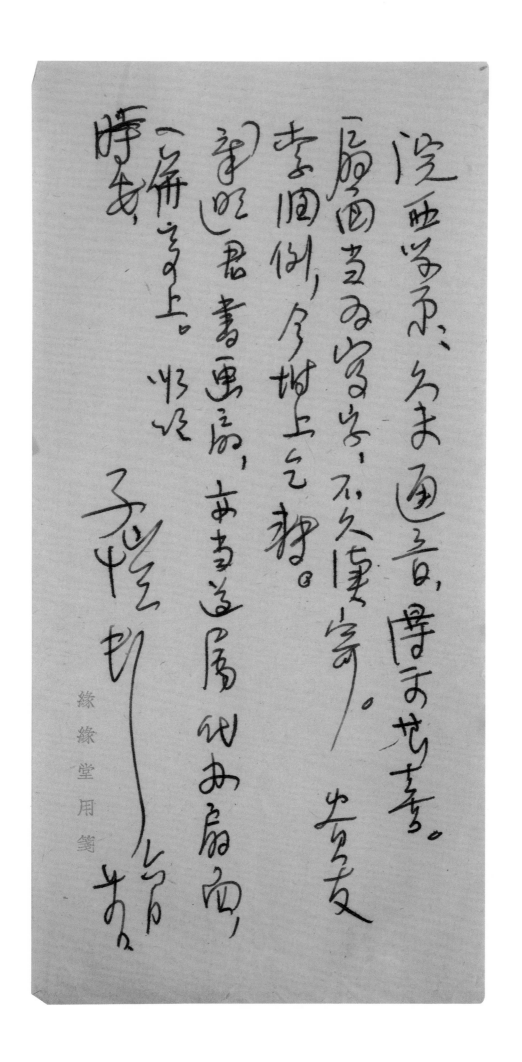

111

七月九日札　　纸本钢笔书　　27.9cm×17.6cm

释文　　院西仁弟：示奉到。贵友属画册页四帧，要求照六月份例，
　　　　自当遵属，作为六月底收件可也。上款是否"章明"二
　　　　字？尚请再行详示，以免误笔。承赐便笺，正合需用，先
　　　　此道谢。近属画者特多，对不相识者已谢绝（附纸一看），
　　　　但老友介绍，仍属例外也。顺颂时安。小兄子恺叩。七月
　　　　九日。

晓西仁兄：手书收到。尊友欲序世画册，
需求照六月例，自当遵属，惟目下
庶务伴多。上款上写「章昭」二字，者
请再行示知，以免候笔。
邮购俟筹正后需用，先此送讫。
迫届画专好否，对方相候也已甚急（增版一番）
他老友今后，何必图例也。此颂
时安。　　　　　　　　　　　弟
　　　　　　　　子恺卯　上

七月十七日札　　纸本钢笔书　　27.8cm×17.6cm

释文　　院西仁弟：示奉到。前日将来函交收件人，其人不接洽，致
误函请补润笔，甚是遗憾。以后足下信件，当统由仆亲复。
"越石"君扇属照亦自润，当无不可，请代允可也。清恙想
已复健。舍下不幸，次子突患神经病，胡言乱语，动止荒
唐，甚是受累。幸未动武。正在疗养中，附陈，即颂时安。
小兄子恺叩。七月十七日。

院西仁兄、吾兄别，来由文
收件人，芝石抛后，敬候返请神陶筆，
甚是遗憾。以彼品不信件，当经由偿
纪复。翘远君陶兄二百陶，当年多，
请此久勿也。清美想已後健。舍下不
幸珍子宴惠神經病，胡空散証，印必甚唐，
甚是爱思。幸年未钟武。正正儀著中，妨路如妨
时复。

　　　　　　支子陵印　有志

七月二十七日札 　纸本钢笔书　26.8cm×11.4cm

释文　院西仁弟：寄上画四件、扇面一，请收转。寒门不幸，次子
（元草，廿一岁，男，交大二年生）忽患神经病，文痴兼武，
不可收拾，七月十一日起病，二十日由仆率壮丁四人，亲送
闵行普慈疯人医院，天主教办，甚完善，有治愈希望，惟每
月需三四亿耳。半月以来，家中鸡犬不宁，仆亦半月不亲纸
笔，昨日始恢复原来生活也。贵友所属，至今报命，亦是为
此。八月一日后润例又增，加一倍半。但系对一般（因近求
者太多，不胜其劳，故增润以限制），熟友介绍，可仍照七
月份例。草草，即问时安。小兄丰子恺叩。七月廿七日。

116

院两位兄，寄上画四帧，倩姊转。宽以石章，次子（文草、廿岁男，交大三年生）忽发神经病，文痴勇武，不可收拾，七月十二日起病，二十日由仆車送至上海，暂送回行普慈医院，天主教办，世完善，有传会希院，惟每月需三四信車。半月以来，病情雖未必重，候病室书笔，时日如此坊复顶来无已。

若支的属，而今病愈，六言为此。

十一月一日後

但於一信未。他对一疫（固迫来夫太美，不胜艰苦，故坊画以阻制）

丞丞奈沼，可仍如七月例。草三印同

光末子璈印

七月廿七。

八月一日札　纸本钢笔书　26.7cm×11.4cm

释文　院西仁弟：赐缘缘堂用笺大二十册、小十册，昨日已向邮局
　　　领到。此项用笺，乃上等道林（此笺乃浙赣路局所赠，用
　　　报纸印。今所赠者，暂时舍不得用也）。目今购求，每册当
　　　百万以上。惠赐太多，受之有愧。专此鸣谢，容图后报耳。
　　　即颂时安。小兄子恺叩。八月一日。疯人在院，医生来信言
　　　略好些，但看其运命如何耳。仆已竭尽父责，问心无愧，故
　　　身心无恙，生活依旧。承念谢谢。

院西仁弟，賜像二幀用人箋大二十冊，小十冊，

昨日已同郵品寄到。

道林（改用氣乃為時特價錢，局所錢，用指常足）目今

辦求，每冊當百刀以上。更賜太多，受之有

愧。李此鳴謝，尚希南皮報刊。所以

尤甚。子愷叩八日

瘋人主院，醫生來信言男為病死，他看甚運命為所死，

僕已謁考父責，向心每愧，故身心每差生活做苦，承念謝。

緣緣堂便條

119

十月十日札（一）　　纸本钢笔书　　25.9cm×14.8cm

释文　院西仁弟：久不通音，世变沧桑；忽接来示，至深欣慰。仆
　　　去秋漫游台湾、闽南、香港、广州，解放前数周飞返上海，
　　　因交通断绝，不能返杭，遂卜居沪上，址如下：吕班路南昌
　　　路（即陶尔非斯路）43 弄 76 号，电话八四九七九。数月来
　　　虽未通问，然每写信，必念及仁弟。因此种信笺，乃吾弟所
　　　赠，至今尚未用罄也。来示索画，稍缓写奉，以纪念解放之
　　　欢庆（不受润笔）。盖真正之自由平等，从兹始可实现；而
　　　过去社会之罪恶黑暗，从兹可以销灭。虽

院西仁弟：久不通音，世变沧桑，忽接来书，不深欣慰。

僕去秋携眷南渡，由南昌、广州，解放前夕逃往上海，因交通断绝，不能返杭，遂卜居沪上，地址如下：

吕班路（中间亦非此路）南昌路43弄76号，电信八八九七九。

数月来难并通问，然每写信，必念及仁弟。因此种信笺，乃吾弟所赠，每念尚未用罄也。奉此，泪念解放之欢庆。

颇受益，甚言自由平等，从兹奉以泥念解放之欢庆。麟华蓋言自由平等，从兹地之穷状，而过去死会之需要黑暗，从兹可以销减。虽

缘缘堂用笺

121

十月十日札（二）　　纸本钢笔书　　25.9cm×14.8cm

释文　　目下解放伊始，小有缺陷，然确信以此精神治国，将来必上
　　　　轨道，使人人各得其所。犹似患疮之人，请医开刀，虽一时
　　　　苦痛，将来必得幸福也。仆解放后忙于编制新艺术论，卖画
　　　　生活暂告段落，虽收入不及以前之丰，然简略生活，颇可度
　　　　过。我等在世，本无物质奢望，能与众生同乐，虽淡泊而心
　　　　甚安。不知仁者以为如何也。匆复，即问时祺。小兄丰子恺
　　　　叩。十月十日。

且不解放伊始，必有缺陷，如雄信以政，精神治国，将来必
上軌道，使人人各得其所。猶似患瘧之人，请医用刀、
離一时苦痛，将来必得幸福也。候游放攻此括海数
郭尚弗偏，事畫生活皆苦，名状不克以看之串、
此简畫生活，盼了度过，辞等生世，本与物質享望、
与深生同来，学读旧常心甚每。己知任者以田丸何也、
如冬，印何、付雄，

丰子愷印　十月九日

缘缘堂用笺

123

七月十一日札　　纸本钢笔书　　21cm×15cm

释文　　院西仁弟：示奉到。近因解放后求书画者甚少；同时俄文学
　　　　习甚忙，编译又忙，以故停止鬻画，无有润例。但友好所
　　　　属，仍可无条件应命。贵友所属，请示款名及大小，当写奉
　　　　可也。顺颂日安。小兄丰子恺叩。七月十一日。

院西仁兄：　承奉到。近因本壽畫卷

甚力，同時佛又習甚忙，兩俱又忙，以故

停止繪畫，多看修件。

仍乞名師。　貴友所屬，倩手題名

及古山，當寫奉之也。　順頌

　　　　　　　　時安。

　　　　　　辛未子煊印

　　　　　　　　　萬青

九月十三日札　　纸本钢笔书　　27.6cm×21.4cm

释文　院西仁弟：梅兰竹菊诗笺，诚属可爱。我写了四张字，都是毛主席的诗词。其余的我寄还你，因为我近来久已不作书画（画已封笔，附上启示一），对此物已无兴趣。我近来专心学习俄文，与画笔相去很远了。但我很赞成你来信的话："在工作疲倦时，能恢复疲劳，亦所必需。"我近来以读诗词为恢复疲劳之物，白居易诗尤为可爱。而我自己艺术创作，竟完全停止了。所以我不能替你作画。万叶书店（天潼路666弄39号）近刊我过去的画，有两册，《子恺漫画彩色版》及《儿童情景》，你倘爱看我的画，不妨去买两册看看。工作到深夜方毕，这是暂时偏差现象，将来一定会校正的。我除开大会外，平日都在家。有空可来晤谈。顺问近好。小兄丰子恺叩。九月十三日。

院西仁兄：

梅兰竹菊诗会画，淞属了我爱。我写了四时字，都是毛主席的诗词。其眼的对字這侯，因為我近来色不很書畫（並已封筆，地上啟事二）对也抛已年興趣。我近来主要学習俄文，与画笔相去很远了。但我很贊助你来信的话："在工作疲倦時，耐埃復疲劳，无所必邊。"我近来以演律詞為埃復疲劳之物。自尚易律尤为... 而对自己新度創体，竟完全停此了。

所以我不敢接受萬葉書店近刊物去的画，方而无"子愷慢画任伍書。"新色版及"児童博覽"，你倘爱看我的畫，不妨去買西冊看了。工作到後方畢这是暫時偏差現象，将来一定會校正的。我除開大会外，平居都在家。有空了来坐坐。此迫切。

立幸子愷叩

九月十三。

天庆路666弄39号